はじめよう HACCP

HACCPの考え方を取り入れた衛生管理のための手引書
（小規模な一般飲食店事業者向け）

公益社団法人日本食品衛生協会

発刊にあたって

　2018年6月、HACCPに沿った衛生管理の制度化を含む食品衛生法等の一部を改正する法律が公布されました。食品の安全性のさらなる向上を目的に、原則として、全ての食品等事業者を対象にHACCPに沿った衛生管理の実施が必要となり、小規模事業者の皆様方には、HACCPの考え方を取り入れた衛生管理を行うことが求められています。

　小規模事業者の皆様方がHACCPの考え方を取り入れた衛生管理に取り組む際の負担軽減を図るため、食品等事業者団体が手引書を作成することとなっており、当協会では小規模な一般飲食店事業者向けの『HACCPの考え方を取り入れた衛生管理のための手引書』を作成しました。この手引書におけるHACCPの考え方を取り入れた衛生管理とは、食中毒予防の3原則を基本に、日々の一般的衛生管理とメニューに応じて行うべき事項について衛生管理計画を明確にし、実施し、記録することにより、衛生管理を「見える化」することです。

　本書は、この衛生管理を取り組む方法について、手引書を基に、よりわかりやすくまとめたものです。食中毒予防の観点から、小規模な一般飲食店事業者の皆様方がどのような衛生管理計画を作成し、これに基づいて実施したことを、どのように記録すればよいのかという一連の作業について、手順ごとに解説しております。さらに計画作成や記録に用いる表を設けたスタートノートは、実際に書き込めるよう実用的な仕様といたしました。

　これからHACCPの考え方を取り入れた衛生管理を取り組む事業者の皆様方にとって、いっそう理解を深めていただけるものとなっております。ぜひ本書をご活用いただき、衛生管理の「見える化」をはじめてください。

2019年12月

公益社団法人日本食品衛生協会
専務理事　桑﨑　俊昭

HACCPの考え方を取り入れた衛生管理のための手引書
（小規模な一般飲食店事業者向け）

制　作
　　公益社団法人日本食品衛生協会

制作協力
　　新蔵　登喜男　　有限会社 食品環境研究センター　　取締役
　　谷口　力夫　　　公益社団法人日本食品衛生協会　　技術参与
　　豊福　肇　　　　山口大学 共同獣医学部　　教授
　　丸山　務　　　　公益社団法人日本食品衛生協会　　学術顧問

（2017年9月）

はじめよう HACCP
HACCPの考え方を取り入れた衛生管理のための手引書(小規模な一般飲食店事業者向け)

監　修
　　豊福　肇　　　　山口大学 共同獣医学部　　教授
　　丸山　務　　　　公益社団法人日本食品衛生協会　　学術顧問

（2019年12月現在）

目 次

I 安全な食品を提供するために
- ■ HACCPに沿った衛生管理の制度化について ……………………………… 2
- ■ 小規模な一般飲食店に求められる「HACCPの考え方を取り入れた衛生管理」…… 4

II 小規模な一般飲食店における衛生管理
- 小規模な一般飲食店における衛生管理とは ……………………………… 10
- **Step 1** 衛生管理計画を作成しましょう ……………………………… 12
  - 計画1 一般的衛生管理のポイントを確認する ……………………… 12
  - 計画2 重要管理のポイントを確認する ……………………………… 22
- **Step 2** 計画に基づいて実施しましょう ……………………………… 32
- **Step 3** 確認・記録をしましょう ……………………………………… 32

III その他 ……………………………………………………………………… 40
- ■ 保健所への報告 ……………………………………………………… 40
- ■ 振り返り ……………………………………………………………… 40

■ 様　式
- 別紙1 一般飲食店における衛生管理計画 ……………………………… 42
- 別紙2 一般的衛生管理の実施記録 …………………………………… 46
  - 重要管理の実施記録 ………………………………………………… 48
- 別紙3 連絡先一覧 …………………………………………………… 52

■ 食中毒を引き起こす主な細菌、ウイルス …………………………… 54

■ 手順書 ……………………………………………………………… 58
- **1** 原材料の受入の確認 …………………………………………… 58
- **2** 冷蔵・冷凍庫の温度の確認 …………………………………… 58
- **3** 交差汚染・二次汚染の防止 …………………………………… 59
- **4** 器具等の洗浄・消毒・殺菌 …………………………………… 60
- **5** トイレの洗浄・消毒 …………………………………………… 60
- **6** 従業員の健康管理・衛生的作業着の着用など ………………… 61
- **7** 衛生的な手洗いの実施 ………………………………………… 62
- **8** 温度計の精度確認（校正） …………………………………… 62
- 日本食品衛生協会が推奨する衛生的な手洗い ……………………… 63

Ⅰ 安全な食品を提供するために

■ HACCPに沿った衛生管理の制度化について

■ 小規模な一般飲食店に求められる
　「HACCPの考え方を取り入れた衛生管理」

I 安全な食品を提供するために

■ HACCPに沿った衛生管理の制度化について

　食品の衛生管理へのHACCPの導入については、1993年に食品の国際規格を定めるコーデックス委員会[*1]においてガイドラインが示されてから、先進国を中心に義務化が進められてきました。わが国から輸出する食品にも要件とされるなど、今や国際標準となっています。

　HACCPによる衛生管理[*1]は、
- 食品の安全性のさらなる向上につながる
- 食中毒、異物混入等の食品事故の防止に役立つ
- 事故発生時の速やかな原因究明に役立つ

ことから、わが国では国、地方自治体、民間機関などHACCP導入推進に取り組んできました。わが国の食品衛生管理水準の向上や国際標準化を図るために、2016年末には、厚生労働省による「食品衛生管理の国際標準化に関する検討会」において、HACCPによる衛生管理の制度化の枠組み等がとりまとめられました。検討会の最終とりまとめをふまえ、HACCPに沿った衛生管理の制度化を含めた食品衛生法等の一部を改正する法律が2018年6月に公布され、1年間の経過措置期間を経て、2021年6月に完全実施されました。

なぜ制度として位置づける必要があったのか

　国内の食中毒の事件数・患者数の推移は図1のとおりです。2018（平成30）年頃は年間1,000～1,200件程度の事件が発生し、患者数は約20,000人に及び、下げ止まり傾向にありました。厚生労働科学研究によれば、食中毒等の被害実態は統計の100～1,000倍ともされています[*2]。また、高齢者人口の割合の増加に伴い、高齢者の食中毒リスクが高まることも心配されています。さらに、ガラスや金属等の危害性のある異物混入等による食品回収事例の告知件数が増加傾向にあるとされています。

　こうした中、食品流通のさらなる国際化や、食品製造現場での外国人労働者の増加、訪日外国人観光客の増加、東京2020オリンピック・パラリンピック競技大会の開催等もあり、わが国の食品衛生管理の水準が国際的に見ても遜色のないものであることを、国内外に示していく必要性が高まっていました。

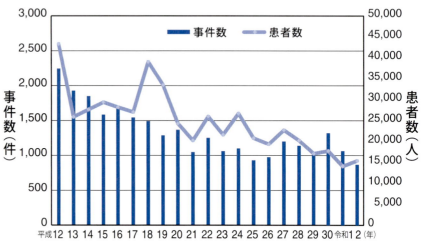

図1　食中毒事件数・患者数の推移（平成12～令和2年）

[*1] HACCPによる衛生管理とは？
Hazard **A**nalysis and **C**ritical **C**ontrol **P**oint
　HACCPは、これらの頭文字からとったもので「危害要因分析・重要管理点」と訳されます。HACCPによる衛生管理は、「一般的衛生管理を前提とし、事業者自らが食中毒菌汚染や異物混入等の危害要因を把握（Hazard Analysis）したうえで、原材料の入荷から製品の出荷に至る全工程の中で、危害要因を除去または低減させるために特に重要な工程（Critical Control Point）を管理し、これらを文書化することにより製品の安全性を確保しようとする手法」です。この手法は国際連合食糧農業機関（FAO）と世界保健機関（WHO）の合同機関である食品規格（コーデックス）委員会から発表され、各国にその採用を推奨している国際的に認められたものです。

[*2] 厚生労働科学研究：臨床検査施設での検査結果等から推定されたサルモネラ等の食品媒介感染症被害実態

こうした理由から、食品の安全性のさらなる向上や食中毒等の食品事故の防止対策が必要であり、事業者だけでなく、消費者のメリットにもつながるとされているHACCPに沿った衛生管理を制度として位置づけ、定着を図る必要性がありました。

制度化の基本的な考え方

制度化に際しては、全ての食品等事業者が、施設・設備の衛生管理、食品取扱者の衛生管理・衛生教育等の一般的衛生管理に加え、HACCPに沿った衛生管理のための計画を策定し、実施することとされています。[3] HACCPに沿った衛生管理については、コーデックスHACCPの7原則[4]を要件とする「食品衛生上の危害の発生を防止するために特に重要な工程を管理するための取組（HACCPに基づく衛生管理）」を原則としますが、小規模営業者等については、「取り扱う食品の特性に応じた取組（HACCPの考え方を取り入れた衛生管理）」により弾力的な運用が可能とされています。[5]

食品衛生上の危害の発生を防止するために特に重要な工程を管理するための取組（HACCPに基づく衛生管理）

食品等事業者自らがコーデックスHACCPの7原則を実践し、その内容をふまえたうえで衛生管理計画を作成し、計画に沿って実施した内容を記録します。

〈対象事業者〉
- 下記の「取り扱う食品の特性に応じた取組」を対象とする事業者以外
- と畜場［と畜場設置者、と畜場管理者、と畜業者］
- 食鳥処理場［食鳥処理業者（認定小規模食鳥処理業者を除く）］

取り扱う食品の特性に応じた取組（HACCPの考え方を取り入れた衛生管理）

小規模な営業者等は、食品等事業者団体が作成する手引書も参考にしながら、一般的衛生管理を基本とし、必要に応じて重要管理点を設けてHACCPの考え方を取り入れた衛生管理を行います。

〈対象事業者〉
- 食品を製造または加工し、当該店舗で小売販売する営業者
- 飲食店営業者・喫茶店営業者・パン（5日程度の消費期限のもの）製造業者・そうざい製造業者・自動販売機により食品を調理し、販売する営業者
- 容器包装に入れられ、または包まれた食品のみを貯蔵、運搬、販売する営業者
- 食品を分割し、容器包装に入れ、または包み販売する営業者
- 上記のほか食品の取扱いに従事する者の数が50人未満の小規模営業者

---

[3] 以下の営業者については、原則として衛生管理計画および手順書の作成を必要としない。
・食品等の輸入営業者
・食品等の貯蔵または運搬のみをする営業者（冷凍または冷蔵業を除く）
・容器包装に入れられ、または包まれた食品等のうち温度管理をしなくとも、食品衛生上の危害発生のおそれがないものを販売する営業者

[4] コーデックスHACCP（コーデックスのガイドラインに基づくHACCP）の7原則
原則1 危害要因分析の実施：工程ごとに原材料由来や工程中に発生しうる危害要因を列挙し、管理手段をあげていく
原則2 重要管理点（CCP）の決定：危害要因を除去・低減すべき特に重要な工程を決定する（加熱殺菌、金属探知等）
原則3 管理基準（CL）の設定：危害要因分析で特定したCCPを適切に管理するための基準を設定する（温度、時間、速度等）
原則4 モニタリング方法の設定：CCPが正しく管理されているかを適切な頻度で確認、記録する
原則5 改善措置の設定：モニタリングの結果、CLが逸脱していたときに講ずべき措置を設定する
原則6 検証方法の設定：HACCPプランに従って管理が行われているか、修正が必要かどうか検討する
原則7 記録と保存方法の設定：記録はHACCPを実施した証拠であると同時に、問題が生じた際に工程ごとに管理状況を遡り、原因追及の助けとなる

[5] 検討段階での「基準A」が「HACCPに基づく衛生管理」、「基準B」が「HACCPの考え方を取り入れた衛生管理」

Ⅰ 安全な食品を提供するために

■ 小規模な一般飲食店に求められる「HACCPの考え方を取り入れた衛生管理」

　小規模な一般飲食店事業者向けの「HACCPの考え方を取り入れた衛生管理」とは、食中毒予防の３原則（有害な微生物をつけない・増やさない・やっつける）を基本として、

- どの食品についても行うべき共通事項（一般的衛生管理のポイント：p.10参照）と、メニューに応じて行うべき事項（重要管理のポイント：p.11参照）を衛生管理計画として明確化する
- できた計画を実行してその実施状況を記録する

この一連の作業を行って衛生管理の取組みを「見える化」することです。

　一般飲食店の皆さんが調理した食品はお客さまにとって安全でなければなりません。安全を提供するためには勘や経験のみに頼るのではなく、どの食品についても行うべき共通事項と、食品の調理形態に合わせた加熱や冷却、低温保管等の計画に基づき、これを守って調理されていることを示す（記録する）必要があります。

　具体的な計画作成、記録方法については p.10より解説します。

なぜ衛生管理の「見える化」が必要なのか

　一般飲食店の皆さんは、「これまで食中毒を起こしたことはない」「いつも衛生管理を徹底している」と自信をもって食品を提供されており、自ら衛生管理を計画し、これに基づき実施し記録をつけるという習慣はあまりないかもしれません。しかし、この一連の作業を行うことは事故を限りなく起こさないために重要となり、つまりはお客さまの健康をまもります。それは同時に、食を提供する事業者自身をまもることにもつながります。

　皆さんがこれまでやってきた対応に自信をもって示すには、「計画したことを→実施し→記録する」、すなわち衛生管理の「見える化」が必要になります。「見える化」は、計画に沿って確実に作業を行ったことを示す証です。「見える化」することにより安全な食品を提供することができるのです。

「見える化」は、お店とお客さまをまもります

- 不良や不適切な箇所を発見でき、速やかに改善できる
  → 業務の効率化・食品の安全性の向上・食中毒等の食品事故発生の防止に役立つ
- 事故、クレーム発生時の速やかな原因究明に役立つ
- 衛生管理を適正に行っていることを具体的に自信をもって説明できる

食中毒の発生状況からわかること

　図2は、過去10年間の原因施設別の食中毒事件数および患者数の推移です。例年、事件数・患者数ともに一般飲食店が圧倒的に多いことがわかります。図3は、令和2年の一般飲食店における病因物質別の食中毒事件数および患者数の割合です。ノロウイルスとカンピロバクターの合計が事件数では6割近く、患者数では3割以上を占めており、大きな要因となっています。また、O157などの腸管出血性大腸菌による食中毒では死者が出るなど、重篤な症状となる場合があります。これらの細菌やウイルスは、少量で食中毒を発生させることができ、特に重要な病因物質となります。これらの食中毒を減らすためには、細菌やウイルスの特徴を理解したうえで、扱う食品に応じた取組みが必要です（p.54〜57参照）。

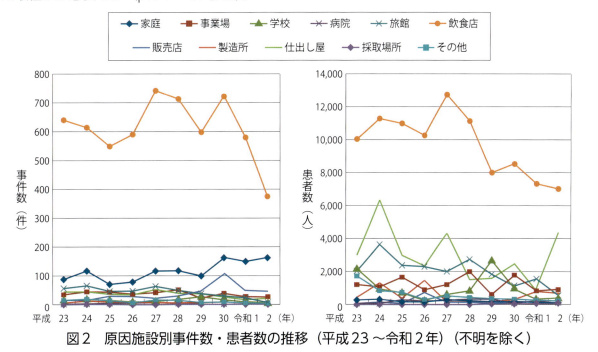

図2　原因施設別事件数・患者数の推移（平成23〜令和2年）（不明を除く）

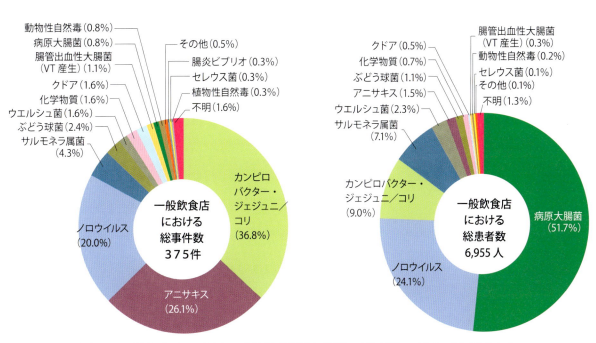

図3　一般飲食店における病因物質別事件数・患者数の割合（令和2年）

図2・3出典：厚生労働省食中毒統計資料

Ⅰ 安全な食品を提供するために

表は実際の食中毒の発生要因を病因物質（細菌やウイルス）ごとに調査、解析したものです。これによると、

- ノロウイルスの場合 ⋯ 調理従事者による汚染
- カンピロバクター、腸管出血性大腸菌の場合 ⋯ 汚染された非加熱食品の摂取、非加熱の原材料との交差汚染、食品の不十分な加熱
- サルモネラ属菌の場合 ⋯ 汚染された非加熱食品の摂取、室温・高温下での食品放置、食品の不十分な加熱
- ウエルシュ菌の場合 ⋯ 室温・高温下での食品放置、緩慢な冷却、食品の不十分な再加熱

などが主な発生要因として報告されています。食中毒を防止するためには、これらの発生要因を除去または低減することが重要となります。つまり、食中毒予防の3原則（有害な微生物をつけない・増やさない・やっつける）を基本とした管理で対応できるのです。

表　実際の食中毒の発生要因　（平成18～20年の食中毒詳報解析に基づく（不明は除く））

発生要因 ＼ 病因物質	カンピロバクター	ノロウイルス	サルモネラ属菌	腸管出血性大腸菌	ウエルシュ菌	黄色ブドウ球菌
汚染された非加熱食品の摂取	400	3	54	38	5	2
非加熱の原材料との交差汚染	44	1	3	2		
調理従事者による汚染		222	5	3		9
施設設備の不適切な洗浄		1	2			
汚染された環境での保管			1			
室温又は高温下での食品放置			21	3	10	8
緩慢な冷却			1		10	1
不適切な冷蔵			1			
不適切な消毒			1	3		
調理から消費までの経過時間			3		4	1
不十分な加熱温度＆時間	125	1	21	15	3	1
不十分な再加熱温度＆時間			1		12	
不適切な消毒	5	2	2			

微生物による食中毒の発生要因は、「微生物の汚染・増殖・生残」に対する不適切な管理に起因します。

　■：微生物の汚染要因　　■：微生物の増殖要因　　■：微生物の生残要因

出典：平成21年度　厚生労働科学研究費補助金（食品の安心・安全確保推進研究事業）「食品衛生監視員による食品衛生監視手法の高度化に関する研究」報告書　研究代表者　豊福肇

一般飲食店におけるたいせつな衛生管理のポイント

　一般飲食店における食中毒発生要因の多くは、調理従事者の衛生・健康管理不足、交差汚染・二次汚染、食品の温度管理不足、食品の加熱不足などがあげられます。つまり、そのほとんどは一般的衛生管理（どの食品についても行うべき共通事項）の不備によるものです。食中毒の発生を防止するには、一般的衛生管理を着実に実施することがたいせつです。そして、食品を適切な加熱や冷却（メニューに応じて行うべき事項）によって管理します。

　一般飲食店の現場ではさまざまな経路で食中毒の発生要因が入り込んでいますが、下図4に掲げる一般的衛生管理の項目を中心にメニューに応じて行うべき事項を着実に実施して、食中毒を防ぎましょう。

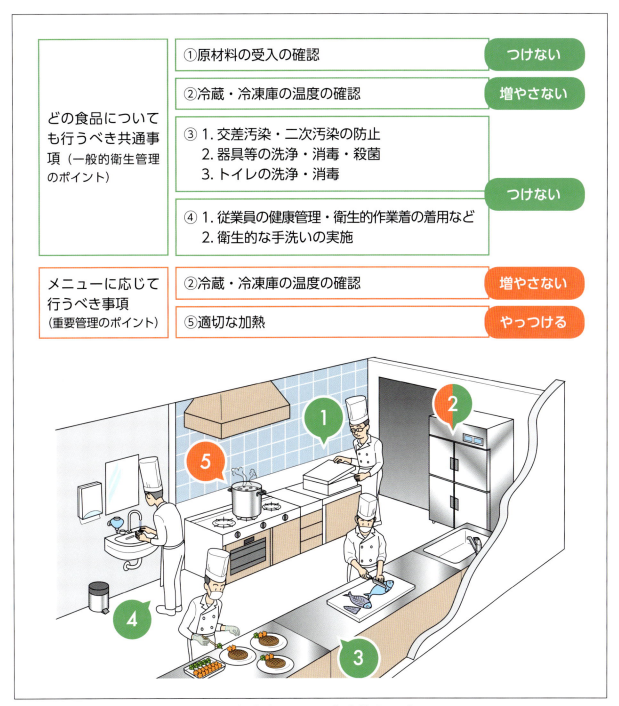

図4　一般飲食店における衛生管理のポイント

Ⅱ 小規模な一般飲食店における衛生管理

小規模な一般飲食店における衛生管理とは

- Step 1 衛生管理計画を作成しましょう
- Step 2 計画に基づいて実施しましょう
- Step 3 確認・記録をしましょう

Ⅲ その他

- ■ 保健所への報告
- ■ 振り返り

Ⅱ 小規模な一般飲食店における衛生管理

小規模な一般飲食店における衛生管理とは

実施することは3つです

「小規模な一般飲食店における衛生管理」は、従業員数が数名程度の一般飲食店事業者を対象とした HACCP の考え方を取り入れた衛生管理です。

この衛生管理は、

> Step 1 **衛生管理計画を作成**する
> Step 2 作成した**計画を実施**する
> Step 3 実施したことを**確認・記録**する

という手順に従って実施します。

衛生管理計画を作成し文書化することでやるべきことが整理され、明確になります

Step 1 衛生管理計画を作成しましょう

一般飲食店における衛生管理計画は「一般的衛生管理のポイント」と「重要管理のポイント」で構成されます。

計画1 一般的衛生管理のポイントを確認する

以下の一般的衛生管理の項目を中心に対応を考えます。

[原材料の取扱い]
① 原材料の受入の確認
② 冷蔵・冷凍庫の温度の確認

[施設・店舗の清潔維持]
③-1 交差汚染・二次汚染の防止
③-2 器具等の洗浄・消毒・殺菌
③-3 トイレの洗浄・消毒

[従業員の健康・衛生]
④-1 従業員の健康管理・衛生的作業着の着用など
④-2 衛生的な手洗いの実施

皆さんが日頃から行っている衛生管理です

| 計画 2 | **重要管理のポイントを確認する** |

重要管理のポイントは、温度管理が必要な食品について、調理中の温度に応じてメニューを3つのグループに分類し、それぞれのチェック方法を決めます。

第1グループ ［冷たいまま提供するメニュー］（非加熱）
第2グループ ［加熱後、温かいまま提供するメニュー］（加熱）
第3グループ ［加熱後冷却し、再加熱したものを温かいまま提供、または
　　　　　　　　加熱後冷却し、冷たいまま提供するメニュー］（加熱・冷却）

チェック方法の決定 メニューを分類したら、調理方法を振り返り、
できあがりのチェック方法を決める

Step 2 計画に基づいて実施しましょう

Step 1 で決めた計画に従って、日々の衛生管理を確実に行っていきます。

一般的衛生管理：原材料の取扱い、トイレの洗浄・消毒、従業員の健康・衛生など　　重要管理：十分な加熱など

Step 3 確認・記録をしましょう

1日の最後などに実施の結果を記録します。問題があった場合には、その内容を記録用紙に書き留めておきましょう。また、定期的（1か月など）に記録を振り返り、同じような問題が発生している場合には対応を検討しましょう。

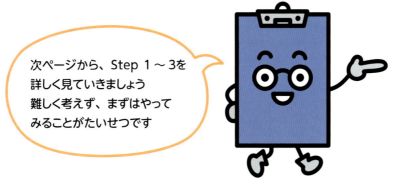

次ページから、Step 1〜3を
詳しく見ていきましょう
難しく考えず、まずはやって
みることがたいせつです

11

II 小規模な一般飲食店における衛生管理

Step 1 衛生管理計画を作成しましょう

計画1 一般的衛生管理のポイントを確認する

下表は一般的衛生管理のポイントを記載する様式例です（p.42 様式別紙1「一般飲食店における衛生管理計画」）。

①〜④-2 の項目を管理することが「なぜ必要なのか」理解し、日頃から調理場で行っていることを照らし合わせながら「いつ」・「どのように」行い、「問題があったときはどうするか」の対応を書き入れてください。

一般的衛生管理のポイント			
①	原材料の受入の確認	いつ	原材料の納入時・その他（　　　　）
		どのように	
		問題があったとき	
②	庫内温度の確認（冷蔵庫・冷凍庫）	いつ	始業前・作業中・業務終了後・その他（　　　　）
		どのように	
		問題があったとき	
③-1	交差汚染・二次汚染の防止	いつ	始業前・作業中・業務終了後・その他（　　　　）
		どのように	
		問題があったとき	
③-2	器具等の洗浄・消毒・殺菌	いつ	始業前・使用後・業務終了後・その他（　　　　）
		どのように	
		問題があったとき	
③-3	トイレの洗浄・消毒	いつ	始業前・作業中・業務終了後・その他（　　　　）
		どのように	
		問題があったとき	
④-1	従業員の健康管理 等	いつ	始業前・作業中・その他（　　　　）
		どのように	
		問題があったとき	
④-2	手洗いの実施	いつ	トイレの後、調理施設に入る前、盛り付けの前、作業内容変更時、生肉や生魚等を扱った後、金銭をさわった後、清掃を行った後・その他（　　　　）
		どのように	
		問題があったとき	

計画を立てるヒント

「いつ」とは？
いつ実施するかを決めておきます。振り返ったときに問題がなかったことがわかるようにします。

「どのように」とは？
どのような方法で実施するかを決めておきます。だれが行っても同じように実施できるようにします。

「問題があったとき」とは？
普段とは異なることが発生した場合に、対処する方法を決めておきます。

普段から行っていることを思い出して書いてみましょう！

1 原材料の受入の確認

様式：p.42①

なぜ必要なのか

腐敗しているもの、包装が破れているもの、消費期限が過ぎているもの、保存方法が守られていない原材料などには有害な微生物が増殖している可能性があるからです。

● 記載例

一般的衛生管理のポイント			
①	原材料の受入の確認	いつ	原材料の納入時・その他（　　　　　）
		どのように	外観、におい、包装の状態、表示（期限、保存方法）を確認する
		問題があったとき	返品し、交換する

 ## 冷蔵・冷凍品は室温に放置しない

納品されたものが冷蔵や冷凍が必要な場合には、室温に置かれる時間をできるだけ短くします。

 ### ヒスタミンによるアレルギー様食中毒

p.57参照

鮮度が低下していたり、保管状態が悪い赤身魚などやそれらの加工品では、ヒスタミンという物質を高濃度に含有している可能性があり、アレルギー様食中毒を発生する可能性があります。
受け入れ時に、魚の鮮度、温度などのチェックを行うことが重要です。

Ⅱ 小規模な一般飲食店における衛生管理

❷ 冷蔵・冷凍庫の温度の確認

様式：p.42②

なぜ必要なのか
　温度管理が悪かった場合には、有害な微生物が増殖したり、食品の品質が劣化したりする可能性があるからです。

●記載例

②	庫内温度の確認 （冷蔵庫・冷凍庫）	いつ	始業前・作業中・業務終了後・その他（　　　　　　）
		どのように	温度計で庫内温度を確認する （冷蔵：１０℃以下、冷凍：－１５℃以下）
		問題があったとき	異常の原因を確認、設定温度を再調整／故障の場合は修理を依頼 食材の状態に応じて使用しない、または加熱して提供する

 期限表示もチェック

　保存している食材の期限表示も定期的に確認し、期限内に使用するようにしましょう。

外から温度が見える温度計が便利です

Step 1 衛生管理計画を作成しましょう　計画① 一般的衛生管理のポイントを確認する

③-1 交差汚染・二次汚染の防止

様式：p.42③-1

なぜ必要なのか
　保管や調理の際に、生肉や生魚介類などから他の食品へ有害な微生物の汚染が広がる可能性があるからです。

●記載例

③-1 交差汚染・二次汚染の防止	いつ	始業前・⦿作業中・業務終了後・その他（　　　　　）
	どのように	冷蔵庫内の保管の状態を確認する まな板や包丁等の器具類は、用途別に使い分け、扱った都度に十分に洗浄し、消毒する
	問題があったとき	生肉等による汚染があった場合は加熱して提供、または食材として使用しない 使用時に、まな板や包丁等に汚れが残っていた場合は、洗剤で再度洗浄し、消毒する

肉　用　　　　　魚　用　　　　　野菜用

まな板・包丁などの器具は、食材ごとに色を変えて使い分けるなどの工夫をしましょう

 ### 冷蔵庫内での食材の二次汚染に注意

　生肉、生魚介類などの食材を他の食品に隣接して冷蔵庫に保管したために、二次汚染が生じ食中毒を起こす可能性があります。これらの食材はふたつきの容器などに入れ、冷蔵庫の最下段に区別して保管しましょう。

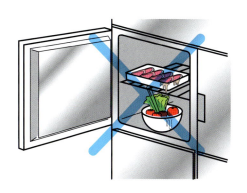

Ⅱ 小規模な一般飲食店における衛生管理

③-2 器具等の洗浄・消毒・殺菌

様式：p.42 ③-2

なぜ必要なのか

汚れが残っていると、他の食品に汚れや有害な微生物の汚染が広がる可能性があるからです（まな板、包丁、ボウルなど）。

●記載例

③-2 器具等の洗浄・消毒・殺菌	いつ	始業前・㊀使用後㊁・業務終了後・その他（　　　　）
	どのように	使用の都度、まな板、包丁、ボウル等の器具類を洗浄し、消毒する
	問題があったとき	使用時に汚れや洗剤等が残っていた場合は、洗剤で再度洗浄、または、すすぎを行い、消毒する

洗剤や薬剤は適切な管理を

調理場で使用する洗剤や薬剤も保管・管理が不十分だと誤使用の危険性があります。

小分けする場合は専用の容器に入れ、内容物表記が不鮮明なものは表記し直し、定位置に保管し、誤って使用しないようにしましょう。

洗剤を小分けした容器を、食品を入れた容器と間違えて使用し、食中毒を起こした事例もあります
小分けする場合は、洗剤や薬剤であることを見えるところに表記し、定位置に保管しましょう

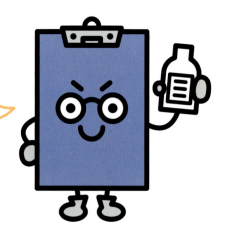

③-3 トイレの洗浄・消毒

様式：p.42 ③-3

なぜ必要なのか

トイレはさまざまな有害な微生物に汚染される危険性がもっとも高い場所です。トイレを利用したヒトの手を介して食品を汚染する可能性があります（ノロウイルス、腸管出血性大腸菌など）。

●記載例

③-3 トイレの洗浄・消毒	いつ	㊙業前・作業中・業務終了後・その他（　　　　　）
	どのように	トイレの洗浄、消毒を行う 特に、便座、水洗レバー、手すり、ドアノブ等は入念に消毒する
	問題があったとき	業務中にトイレが汚れていた場合は、洗剤で再度洗浄し、消毒する

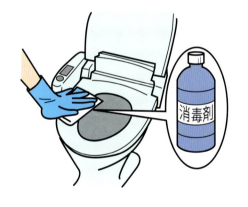

清掃時は着替えること

清掃の際には、清掃用の作業着などに着替え、調理する食品を汚染させないように注意しましょう。

ノロウイルスによる食中毒

p.54 参照

トイレは、特にノロウイルスなどの病因物質の汚染源となります。便座、水洗レバー、手すり、ドアノブなどから感染した従業員を介して食品を汚染し、食中毒が発生する可能性があります。
トイレの洗浄・消毒は入念に実施することが必要です。

Ⅱ 小規模な一般飲食店における衛生管理

4-1 従業員の健康管理・衛生的作業着の着用など　様式：p.42④-1

なぜ必要なのか

調理従事者が下痢をしていると手指などを介して食中毒が発生する危険性があります。
また、手指に切り傷などがある場合や汚れたままの作業着の着用、装飾品をはずし忘れたままでの調理作業などは、食品が有害な微生物に汚染されたり、異物混入の原因になったりする可能性があります。

● 記載例

④-1 従業員の健康管理 等	いつ	○始業前・○作業中・その他（　　　　　　　　）
	どのように	従業員の体調、手の傷の有無、着衣等の確認を行う
	問題があったとき	消化器系症状がある場合は調理作業に従事させない 手に傷がある場合は、耐水性の絆創膏をつけた上から手袋を着用させる 汚れた作業着は交換させる

 手袋着用前にも必ず手洗いを

使い捨て手袋の着用を過信してはいけません。手袋を着用するときも衛生的な手洗いを行いましょう。

 人の手を介して起こる食中毒　p.54参照

近年発生しているノロウイルス食中毒の約8割は調理従事者に由来するとされています。下痢などの消化器系の症状がある場合は調理作業に従事させないことが重要です。また、感染しても発症しないこともありますので、調理従事者の方は普段から手洗いや健康管理がたいせつです。

Step 1 衛生管理計画を作成しましょう　計画① 一般的衛生管理のポイントを確認する

④-2 衛生的な手洗いの実施

様式：p.42 ④-2

なぜ必要なのか

手には目に見えない有害な細菌やウイルスが付着していることがあり、食品を汚染する可能性があります。手洗いは見た目の汚れを落とすだけでなく、これらの有害な微生物が食品を汚染しないためにもたいせつです。

● 記載例

④-2 手洗いの実施	いつ	トイレの後、調理施設に入る前、盛り付けの前、作業内容変更時、生肉や生魚等を扱った後、金銭をさわった後、清掃を行った後 ・その他（　　　　　　　　　　　　　　　　　　　　　　　）
	どのように	衛生的な手洗いを行う
	問題があったとき	作業中に従業員が必要なタイミングで手を洗っていないことを確認した場合は、すぐに手洗いを行わせる

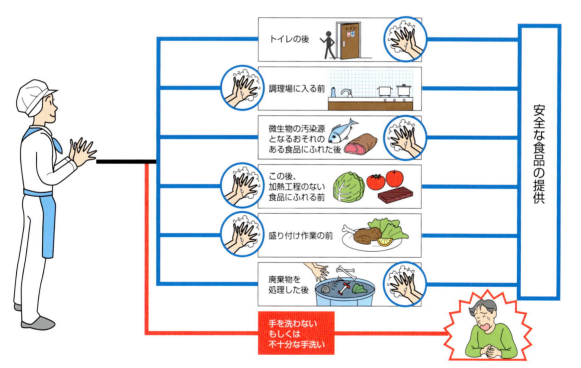

Check! 手洗い不足で起きる食中毒

p.54参照

前ページのとおり、ノロウイルス食中毒の約8割は調理従事者に由来するものであり、さらに約5割は発症していない調理従事者に由来するものとされています。
調理従事者の方は感染しないように普段から手洗いを徹底し、健康管理に注意するとともに、仮に感染していても食品を汚染しないように、衛生的な手洗いを徹底しましょう。

19

II 小規模な一般飲食店における衛生管理

■ その他の衛生管理項目の例

次のような衛生管理の項目が重要になることもあります。必要に応じて衛生管理の内容を記載して、チェックを行いましょう。

例1 施設・設備の衛生管理

調理環境は、カビの発生やほこりによる食品への汚染、ゴキブリなどの衛生害虫等の発生・混入などを起こさないようしっかり清掃しましょう。

● 記載例

施設設備の衛生管理	いつ	業務終了後
	どのように	施設設備の清掃を行う
	問題があったとき	作業中に施設設備の清掃の不良を確認した場合は、すぐに清掃を行わせる

例2 そ族・昆虫対策

そ族（ネズミ）や衛生害虫などが調理環境内へ侵入したり発生することで、二次汚染や異物混入を起こさないように、しっかり対策を取りましょう。

● 記載例

そ族・昆虫対策	いつ	6月と11月
	どのように	駆除作業を実施
	問題があったとき	作業中にそ族・昆虫を見つけたときは、可能な限り駆除するとともに繁殖場所や侵入経路を確認し、必要な対策をとる

例3 廃棄物の取扱い

廃棄物による食品への汚染がないようふた付きのゴミ箱を使用し、施設環境に悪影響を及ぼさないようにしましょう。

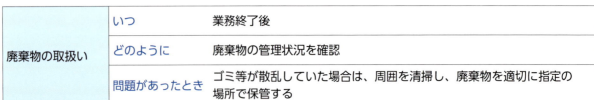

● 記載例

廃棄物の取扱い	いつ	業務終了後
	どのように	廃棄物の管理状況を確認
	問題があったとき	ゴミ等が散乱していた場合は、周囲を清掃し、廃棄物を適切に指定の場所で保管する

(注) 水道水以外の水を使用する場合には、年1回以上水質検査を行い、成績書を1年間以上保存すること。ただし、不慮の災害等により水源等が汚染されたおそれがある場合には、その都度水質検査を行うこと。また、殺菌装置または浄水装置が正常に作動しているかを定期的に確認し、記録すること。

Step 1 衛生管理計画を作成しましょう　計画① 一般的衛生管理のポイントを確認する

計画作成のまとめ

様式：p.42

- ㋐ ①〜④-2の項目が「なぜ必要なのか」を理解しましょう。
- ㋑ 「いつ」、「どのように」管理し、「問題があったときはどうするか」の対応を考えて記載しましょう。

一般的衛生管理のポイント			
①	原材料の受入の確認	いつ	原材料の納入時・その他（　　　　　　）
		どのように	外観、におい、包装の状態、表示（期限、保存方法）を確認する
		問題があったとき	返品し、交換する
②	庫内温度の確認（冷蔵庫・冷凍庫）	いつ	始業前・作業中・業務終了後・その他（　　　）
		どのように	温度計で庫内温度を確認する（冷蔵：１０℃以下、冷凍：－１５℃以下）
		問題があったとき	異常の原因を確認、設定温度を再調整／故障の場合は修理を依頼 食材の状態に応じて使用しない、または加熱して提供する
③-1	交差汚染・二次汚染の防止	いつ	始業前・作業中・業務終了後・その他（　　　）
		どのように	冷蔵庫内の保管の状態を確認する まな板や包丁等の器具類は、用途別に使い分け、扱った都度に十分に洗浄し、消毒する
		問題があったとき	生肉等による汚染があった場合は加熱して提供、または食材として使用しない 使用時に、まな板や包丁等に汚れが残っていた場合は、洗剤で再度洗浄し、消毒する
③-2	器具等の洗浄・消毒・殺菌	いつ	始業前・使用後・業務終了後・その他（　　　）
		どのように	使用の都度、まな板、包丁、ボウル等の器具類を洗浄し、消毒する
		問題があったとき	使用時に汚れや洗剤等が残っていた場合は、洗剤で再度洗浄、または、すすぎを行い、消毒する
③-3	トイレの洗浄・消毒	いつ	始業前・作業中・業務終了後・その他（　　　）
		どのように	トイレの洗浄、消毒を行う 特に、便座、水洗レバー、手すり、ドアノブ等は入念に消毒する
		問題があったとき	業務中にトイレが汚れていた場合は、洗剤で再度洗浄し、消毒する
④-1	従業員の健康管理 等	いつ	始業前・作業中・その他（　　　　　　）
		どのように	従業員の体調、手の傷の有無、着衣等の確認を行う
		問題があったとき	消化器系症状がある場合は調理作業に従事させない 手に傷がある場合は、耐水性の絆創膏をつけた上から手袋を着用させる 汚れた作業着は交換させる
④-2	手洗いの実施	いつ	トイレの後、調理施設に入る前、盛り付けの前、作業内容変更時、生肉や生魚等を扱った後、金銭をさわった後、清掃を行った後・その他（　　　　　　）
		どのように	衛生的な手洗いを行う
		問題があったとき	作業中に従業員が必要なタイミングで手を洗っていないことを確認した場合は、すぐに手洗いを行わせる

これで「一般的衛生管理のポイント」の計画が完成です！

II 小規模な一般飲食店における衛生管理

計画2 重要管理のポイントを確認する

　下表は重要管理のポイントを記載する様式例です（p.43 様式別紙1「一般飲食店における衛生管理計画」⑤）。

　自店のメニューのうち温度管理が必要なものについては、「冷蔵品を冷たいまま提供するもの」「冷蔵品を加熱し熱いまま提供するもの（加熱後、高温保管を含む）」「加熱後冷却し再加熱、または加熱後冷却するもの」の3つのグループに分類し、管理のチェック方法を書き入れます。

　なお、常温のまま提供するもの（パン、乾燥のり等）は、温度管理が必要ないため、3つのグループには該当しません。全ての食品に共通する一般的衛生管理による管理をしてください。

⑤ 重要管理のポイント

	分類	メニュー	チェックの方法
第1グループ	非加熱のもの（冷蔵品を冷たいまま提供）		
第2グループ	加熱するもの（冷蔵品を加熱し、熱いまま提供）		
	（加熱した後、高温保管）		
第3グループ	加熱後冷却し、再加熱するもの		
	（加熱後、冷却するもの）		

第1グループ：加熱調理工程がないため、食材に付着している有害な微生物を殺菌できない

第2グループ：有害な微生物が付着している可能性のある食材（食肉など）を加熱調理により殺菌する

第3グループ：加熱調理後、室温に放置しておくと、有害な微生物が増えてしまう可能性があるので速やかに冷却保管が必要

作成者サイン		作成した日	年　　月　　日

Step 1 衛生管理計画を作成しましょう　計画2 重要管理のポイントを確認する

■ 危険温度帯に注意！！

　調理の過程で、食中毒を引き起こす有害な微生物が増殖しやすい温度帯があります。これを「危険温度帯」といい、10〜60℃の温度帯が該当します。

　食品を危険温度帯に置いたままにすると、食品中の細菌がぐんぐん増えてしまいます。しかし、この温度帯でも短時間ならば有害なレベルまで増殖するチャンスはありませんので、短時間となるように、調理した食品はすばやく冷却するなどの対応が必要となります。

　そこで温度管理が必要な食品について、調理中の危険温度帯に着目してチェック方法を定めます。

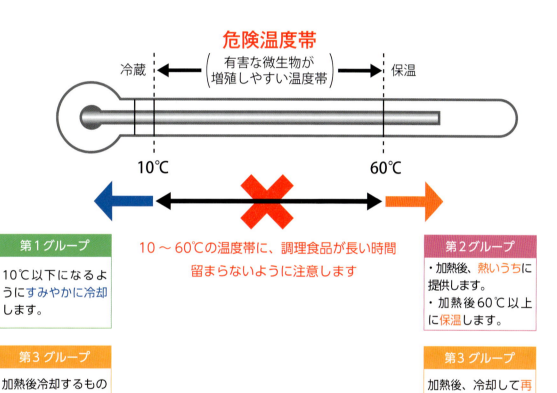

第1グループ	10〜60℃の温度帯に、調理食品が長い時間留まらないように注意します	第2グループ
10℃以下になるようにすみやかに冷却します。		・加熱後、熱いうちに提供します。 ・加熱後60℃以上に保温します。
第3グループ		第3グループ
加熱後冷却するものは、すみやかに冷却します。		加熱後、冷却して再加熱する場合は十分に加熱します。

温度管理と時間管理が重要なポイントです

23

II 小規模な一般飲食店における衛生管理

1 メニューを分類する

様式：p.43⑤

　食品にはさまざまな調理形態があります。有害な微生物が生残、増殖する「危険温度帯」に着目して、冷却・加熱・低温または高温保管等の温度管理が必要なメニューを次の3つのグループに分類します。

グループ	メニュー例
第1グループ 非加熱のもの （冷蔵品を 冷たいまま提供）	刺身、冷奴 酢の物 サラダ各種 納豆 他の食品に添えるもの（大根おろし、ネギ、メンマ、ナルト）
第2グループ 加熱するもの （冷蔵品を加熱し、 熱いまま提供）、 （加熱した後、 高温保管を含む）	肉を焼く　：ステーキ、焼き鳥、しょうが焼き 挽肉を使う：ハンバーグ、餃子、シュウマイ、ロールキャベツ 揚げる　　：唐揚げ、天ぷら 　　　　　　フライ各種（とんかつ、メンチカツ、海老フライ、カキフライ、コロッケ） 焼き魚 炒め物（レバニラ炒め、野菜炒め、もやし炒め） 蒸す　：茶わん蒸し
第3グループ 加熱後冷却し 再加熱するもの、 または、加熱後 冷却するもの	加熱後冷却し再加熱するもの：カレー、シチュー、スープ類 加熱後冷却するもの　　　　：ポテトサラダ、焼豚（チャーシュー）、ローストビーフ、 　　　　　　　　　　　　　　ゆで卵、おひたし

例　ラーメンの場合

ラーメンは加熱して熱いまま提供しますので第2グループに分類します。ただし、ラーメンにトッピングされる具材の衛生管理に注意が必要です。

○：ネギ、メンマ（仕入品）、ナルト（仕入品）は非加熱の状態でトッピングするため、第1グループと同様の管理が必要です。

○：チャーシューが自家製の場合は加熱後に冷却して提供するため、第3グループと同様の管理が必要です。

Step 1 衛生管理計画を作成しましょう　計画② 重要管理のポイントを確認する

② 重要管理ポイントのチェック方法を決める　様式：p.43⑤

メニューを分類したら、それぞれのチェック方法を決めましょう。

第1グループ

●記載例

分類	メニュー	チェック方法（例）
第1グループ 非加熱のもの （冷蔵品を冷たいまま提供）	刺身、冷奴　等	冷蔵庫より取り出したら すぐに提供する、 冷蔵庫の温度を確認する　等

チェック方法（例）

メニュー　サラダ

チェック方法
・野菜を十分に洗浄し、盛り付けて提供する。
・すぐに提供しない場合は冷蔵庫で保管しておき、
　盛り付ける直前に冷蔵庫から出して盛り付けて提供する。

解　説

加熱しない料理では、加熱調理工程がないため、食材に付着している有害な微生物を殺菌することができません。そのため、有害な微生物に汚染されていない食材を使用するか、万が一、付着した有害な微生物が増殖しないように冷蔵庫（低温）で保管しましょう。

すぐに提供しない場合、
冷蔵庫に保管しましょう

II 小規模な一般飲食店における衛生管理

第2グループ

●記載例

分類	メニュー	チェック方法（例）
第2グループ 加熱するもの （冷蔵品を加熱し、熱いまま提供）、 （加熱した後、高温保管を含む）	ステーキ、焼き魚、焼き鳥、ハンバーグ、天ぷら　等	火の強さや時間、見た目、肉汁の色、焼き上がりの触感（弾力）、中心温度　等

チェック方法（例1）

メニュー	ステーキ、焼き魚、焼き鳥、ハンバーグ、天ぷら等
チェック方法	・食品の中心部まで十分に加熱されたときの火の強さや時間、見た目（形状・色）、中心部の色などを確認しておき、日々の調理の中では、見た目などによって加熱が十分であることを確認する。 ・新しいメニューを追加した場合にも同様の確認を行う。

解　説

　できれば食品の中心温度の確認も実施し、有害な微生物が殺菌できる温度まで加熱できているかどうかの確認を行いましょう。新しくメニューを考えたときなどに確認を行ってはどうでしょうか。
　食肉は有害な微生物に汚染されている可能性があるので、十分な加熱を行うようにしましょう。また、加熱調理後、盛り付け時など手指や調理器具（皿なども含む）を介して食品を汚染させないように注意しましょう。

Point 中心温度75℃・1分間以上の加熱

　食肉などに付着している多くの有害な微生物は、75℃で1分間以上の加熱で死滅します。そのため、中心部まで火を通すことが重要とされています。

出典：厚生労働省リーフレット
　　　「お肉の食中毒を避けるにはどうしたらよいの？」

　温度計の精度の確認（校正）を行う場合は手順書の 8 （p.62）を参考にしてください。

26

Step 1 衛生管理計画を作成しましょう　計画2 重要管理のポイントを確認する

挽肉料理は中心部まで十分に加熱を

　ハンバーグ・つくねなどの挽肉料理は、中心部まで十分火がとおり、「肉汁が透明」になって「中心部の色が変わる」まで加熱することが必要とされています。

出典：厚生労働省リーフレット「お肉の食中毒を避けるにはどうしたらよいの？」

加熱の例　ハンバーグステーキ

上面に透明な肉汁が出る

中心部76℃、余熱で78℃
これでよい

出典：内閣府食品安全委員会「これだけは知っておきたい調理法」より改変

チェック方法（例2）

メニュー	シチュー、スープ、ソースなどの液体食品
チェック方法	加熱して沸騰したときに泡がボコボコ出て、湯気が十分に出ていることを確認する。

メニュー	牛肉のステーキ
チェック方法	レアであっても、表面は十分に加熱する。

 カンピロバクター、腸管出血性大腸菌O157などによる食中毒　p.54、55参照

生肉や内臓に付着している可能性のある病原菌は、カンピロバクター、腸管出血性大腸菌、サルモネラ属菌など、多くの食中毒の原因菌があります。また、これらの菌の一部は少量の菌量で発症するとされており、発症すると症状が重篤となり、死者が出る場合もあります。
もともと食品に付着している可能性のある有害な微生物は、十分加熱して、やっつけましょう。
加熱加工用の鶏肉については、生食または加熱不十分な状態で提供しないようにしましょう。

27

II 小規模な一般飲食店における衛生管理

第3グループ

●記載例

分類	メニュー	チェック方法（例）
第3グループ 加熱後冷却し再加熱するもの、または、加熱後冷却するもの	カレー、スープ、ソース、たれ、ポテトサラダ 等	加熱後速やかに冷却、再加熱時の気泡、見た目、温度 等

チェック方法（例）

メニュー カレー、スープ、ソース、たれ、ポテトサラダ等

チェック方法 加熱の状況の確認は 第2グループ と同様に行う。

解 説

　加熱後、冷却の段階で危険温度帯（10〜60℃）に長く留まらないようにすることが重要です。
　冷却する場合には、危険温度帯に長く留まらないようにするため、すみやかに冷却する必要があります。そのためには、小さな容器に食品を小分けしたり、清潔なシンクまたは大きめの鍋に水を流し入れながら、その中に熱い鍋を入れてあら熱をとり、ふたをして鍋ごと冷蔵するなどして、冷却ムラを防ぐことが重要です。

（参 考）

　米国FDAでは2時間以内に21℃以下に、さらに4時間以内に5℃以下に冷却することとされています。また、国内の給食施設を対象とした「大量調理施設衛生管理マニュアル」では、より厳しく30分以内に20℃以下に、1時間以内に10℃以下に冷却するよう工夫することとされています。
出典：FDA（米国食品医薬品局）Food Code 2017

第1グループと第3グループを混ぜるときは、第3グループの食材がすみやかに冷却された後に混ぜるようにしましょう
また、第3グループと第3グループを混ぜて保管するときは、最初の加熱が終わってからすみやかに冷却し、混ぜた後でもすみやかに冷却しましょう

ウエルシュ菌による食中毒

p.56参照

ウエルシュ菌は、広く自然界に分布し、熱に強い芽胞を形成し、通常の加熱調理では死滅しません。その後の冷却が緩慢になると急速に増殖します。
このため加熱後に保管する際には、ただちに小分けし、短時間で急速冷却する必要があります。また、再加熱する際は、提供直前によくかき混ぜながら十分な加熱を行いましょう。

Step 1 衛生管理計画を作成しましょう　計画2 重要管理のポイントを確認する

■ その他の項目

飲食店が守るべき調理基準

飲食店でも食品衛生法に基づき、調理基準が定められています。これらの基準は必ず守りましょう。

1. 鶏の卵を使用して調理する場合は、70℃で1分間以上の加熱が必要です。ただし、賞味期限を経過していない生食用の正常卵[*1]を使用して、速やかに調理する場合などは除きます。
2. 魚介類を生食用に調理する場合は、真水（水道水など飲用に適する水）で十分に洗浄し、製品を汚染するおそれのあるものを除去します。
3. 牛の肝臓または豚肉・豚内臓は、生食用として提供してはなりません。調理する場合は、中心部の温度を75℃で1分間以上加熱しなければなりません。

などが定められています。

その他考慮すべき事項

1. 異　物
   金属などの硬質異物は健康被害を及ぼすこととなり、また、その他の異物もクレームの原因となります。原料に含まれる異物の確認も含めて、調理作業中での異物混入を防止しましょう。

2. アレルゲン
   消費者庁が設置した検討会の報告書では、外食などにおける消費者の商品選択に資する重要な情報源として、特定原材料などをメニュー表へ記載するなど、アレルゲン情報を提供するように推奨されています。
   【特定原材料：えび、かに、小麦、そば、卵、乳、落花生（ピーナッツ）】
   また、お客さまから質問されたときに正しく答えられるよう、提供しているメニューの情報をもっておくことも必要です。

[*1] 正常卵：食用不適卵[*2]、汚卵（ふん便、血液、卵内容物、羽毛等により汚染されている殻付き卵をいう）、軟卵（卵殻膜が健全であり、かつ、卵殻が欠損し、または希薄である殻付き卵をいう）および 破卵（卵殻にひび割れが見える殻付き卵をいう）以外の鶏の殻付き卵をいう。

[*2] 食用不適卵：腐敗している殻付き卵、カビの生えた殻付き卵、異物が混入している殻付き卵、血液が混入している殻付き卵、液漏れをしている殻付き卵、卵黄がつぶれている殻付き卵（物理的な理由によるものを除く）およびふ化させるために加温し、途中で加温を中止した殻付き卵をいう。

Ⅱ 小規模な一般飲食店における衛生管理

❸ アニサキス

アニサキス幼虫がサバ、イワシ、カツオ、サケ、イカ、サンマ、アジなどの魚介類に寄生していることがあります。また、魚介類の内臓に寄生している幼虫は魚介類の鮮度が落ちると、内臓から筋肉に移動することが知られています。

p.57参照

これらが寄生した食品を生で食べた後、アニサキス幼虫が胃壁や腸壁に刺入して、激しい腹部等の痛みを伴う食中毒が発生することがあります。提供する際には、次の点に注意しましょう。

- 新鮮な魚を選び、速やかに内臓を取り除く。
- 目に見える大きさのため、目視で確認して、薄くそぎ切りにするなどして、アニサキス幼虫を除去する。（寄生時は渦巻状になっていることが多い）
- 魚の内臓を生で提供しない。
- 冷凍（−20℃・24時間以上）または加熱（60℃・1分間、70℃以上で瞬時）する。

なお、一般的な料理で使う程度の食酢での処理、塩漬け、醤油やわさびをつけても、アニサキス幼虫は死滅しません。

注）厚生労働省のホームページに、最近の食中毒事例や食中毒原因物質についてわかりやすい情報が掲載されていますので参考にしてください。

Step 1 衛生管理計画を作成しましょう　計画② 重要管理のポイントを確認する

■ 計画作成のまとめ

様式：p.43⑤

- ア　お店のメニューを分類してみましょう。
- イ　調理方法を振り返り、できあがりのチェック方法を書き出しましょう。
- ウ　計画内容を作成・確認した人のサインや日付もあわせて記入します。

⑤ 重要管理のポイント

分類	メニュー	チェック方法
非加熱のもの（冷蔵品を冷たいまま提供）	刺身、冷奴	冷蔵庫より取り出したらすぐに提供する
加熱するもの（冷蔵品を加熱し、熱いまま提供）	ハンバーグ	火の強さや時間、肉汁、見た目で判断する
	焼き魚	魚の大きさ、火の強さや時間、焼き上がりの触感（弾力）、見た目で判断する
	焼き鳥	火の強さや時間、見た目で判断する
	唐揚げ	油の温度、揚げる時間、油にいれるチキンの数量、見た目で判断する
（加熱した後、高温保管）	唐揚げライス	触感、見た目で判断する
加熱後冷却し、再加熱するもの	カレースープ	速やかに冷却、再加熱時には気泡、見た目で判断する
（加熱後、冷却するもの）	ポテトサラダ	速やかに冷却、冷蔵庫より取り出したらすぐに提供する

作成者サイン　〇〇太郎　　　　作成した日　〇〇〇〇 年 ■■ 月 △△ 日

これで「重要管理のポイント」の計画が完成です！

Ⅱ 小規模な一般飲食店における衛生管理

Step 2 計画に基づいて実施しましょう
Step 3 確認・記録をしましょう

　衛生管理計画ができたら、これに基づき衛生管理を確実に実施します。衛生管理を実施する手順は、後述の手順書（p.58〜）を参考にしてください。
　実施したことを確認して、記録しましょう。

■ なぜ記録が必要なのか

記録を実施していた場合

- 衛生管理のポイントを明確にし、実施することで、食中毒発生の未然防止になります。
- 問題が発生した場合、衛生管理を適切に行っていたことの証拠書類となります。
- 衛生管理を適正に実施していることが確認できます。
- 顧客や保健所に対して、自分の店の衛生管理について適正に行っていることを、自信をもって説明できます。
- 業務の改善点が見えてきます。これにより業務の見直しを図り、効率化につながるなどの効果が生まれます。

記録をとらなかったり、正しい記録をしなかった場合

- 衛生管理がいつまでも改善できません。食中毒を起こす可能性が高まります。
- クレームや食中毒が起きたとき、衛生管理を適正に行っていた証拠がありません。
- 内部通報をされ、お客さまや取引先等の信頼を失ってしまいます。

下表は一般的衛生管理の実施記録と重要管理の実施記録の様式例です。次ページからの【記録例】と【記録の方法】を参考に、様式 別紙2の「一般的衛生管理の実施記録」（p.46）、「重要管理の実施記録」（p.48）に記載していきましょう。

20XX年　4月　　**一般的衛生管理の実施記録（記載例）**　　別紙2

分類	①原材料の受入の確認	②庫内温度の確認 冷蔵庫・冷凍庫（℃）	③-1 交差汚染・二次汚染の防止	③-2 器具等の洗浄・消毒・殺菌	③-3 トイレの洗浄・消毒	④-1 従業員の健康管理等	④-2 手洗いの実施	日々チェック	特記事項	確認者
1日	良・否		良・否	良・否	良・否	良・否	良・否			
2日	良・否		良・否	良・否	良・否	良・否	良・否			
3日	良・否		良・否	良・否	良・否	良・否	良・否			
4日	良・否		良・否	良・否	良・否	良・否	良・否			
5日	良・否		良・否	良・否	良・否	良・否	良・否			
6日	良・否		良・否	良・否	良・否	良・否	良・否			
7日	良・否		良・否	良・否	良・否	良・否	良・否			
8日	良・否		良・否	良・否	良・否	良・否	良・否			
9日	良・否		良・否	良・否	良・否	良・否	良・否			

> ①～④-2の一般的衛生管理の項目について日々確認し記録しましょう

> その都度の記録は必要ありませんが、1日の最後などに結果を記録します。また、問題があった場合はその内容を書き留めておきましょう

20XX年　4月　　**重要管理の実施記録（記載例）**

分類	非加熱のもの（冷蔵品を冷たいまま提供）	加熱するもの（冷蔵品を加熱し、熱いまま提供）	（加熱した後、高温保管）	加熱後冷却し、再加熱するもの	（加熱後、冷却するもの）	日々チェック	特記事項	確認者
メニュー								
1日	良・否	良・否	良・否	良・否	良・否			
2日	良・否	良・否	良・否	良・否	良・否			
3日	良・否	良・否	良・否	良・否	良・否			
4日	良・否	良・否	良・否	良・否	良・否			
5日	良・否	良・否	良・否	良・否	良・否			
6日	良・否	良・否	良・否	良・否	良・否			
7日	良・否	良・否	良・否	良・否	良・否			
8日	良・否	良・否	良・否	良・否	良・否			
9日	良・否	良・否	良・否	良・否	良・否			

> 重要管理のポイントをメニューごとに確認して記録しましょう

II 小規模な一般飲食店における衛生管理

1 一般的衛生管理の実施記録

様式：p.46

① 配達された食材のチェック

● 記録例

分類	① 原材料の受入の確認	日々チェック	特記事項
1日	良・⊗	花子	4/1朝、小麦粉の包装が1袋破れていたので返品。午後、再納品
4日	ⓛ・否	花子	
12日	良・否 （斜線）	花子	

> **記録の方法**
> ● 「①原材料の受入」で確認したことを記録しましょう。
> ● 原材料に輸送中のダメージがないか、決められた保存温度で保管されているかなどを確認します。
> ● 確認の結果が問題なかった場合は「良」に○印を記載しましょう。問題があった場合は「否」に○印を記載し、その内容や対処したことを記載しましょう。原材料の受入がなかった場合は斜線「／」を記載してください。

② 冷蔵庫・冷凍庫のチェック

● 記録例

分類	② 庫内温度の確認 冷蔵庫・冷凍庫（℃）	日々チェック	特記事項
3日	15、−23 →再10℃	花子	4/3 11時頃、15℃。20分後10℃。いつもより出し入れ頻繁だったか。
4日	6、−22	花子	

> **記録の方法**
> ● 「②冷蔵・冷凍庫の温度の確認」で確認した温度を記録しましょう。
> ● 冷蔵・冷凍庫が正しく機能し、冷蔵庫は10℃以下、冷凍庫は−15℃以下になっていることを確認します。

Step 2 計画に基づいて実施しましょう　Step 3 確認・記録をしましょう

③-1・2・3 交差汚染・二次汚染の防止のチェック

●記録例

分類	③-1 交差汚染・二次汚染の防止	③-2 器具等の洗浄・消毒・殺菌	③-3 トイレの洗浄・消毒	日々チェック	特記事項
5日	良・否	良・否	良・否	花子	4/5 調理の時にまな板に汚れが残っていたので再洗浄。A君の洗浄に問題があったので注意。
6日	良・否	良・否	良・否✓	花子	4/6 13時過ぎ、C君からトイレが汚れているとの連絡があったので、清掃し洗剤で洗浄し、消毒。ノロウイルス処理キットがないので、念のため購入してください。
7日	良・否	良・否	良・否	花子	4/7 注文済み　太郎

記録の方法
- 「③-1 交差汚染・二次汚染の防止、③-2 器具等の洗浄・消毒・殺菌、③-3 トイレの洗浄・消毒」で計画したことを実施し、その結果を記録しましょう。
- 確認時以外などに問題が発生した場合は✓印などをつけ、特記事項に対処内容などを記載してください。

④-1・2 従業員の健康管理などのチェック

●記録例

分類	④-1 従業員の健康管理等	④-2 手洗いの実施	日々チェック	特記事項
2日	良・否	良・否	花子	4/2 昼前、A君がトイレの後に手を洗わず作業に戻ったので、注意し手洗いさせた。
10日	良・否	良・否	花子	4/10 朝、A君が体調が悪そうだった。聞いたら下痢なので、帰宅させた。

記録の方法
- 「④-1 従業員の健康管理・衛生的作業着の着用など、④-2 衛生的な手洗いの実施」で計画したことを実施し、その結果を記録しましょう。

チェックした人のサイン

●サイン例

分類	① 原材料の受入の確認	④-2 手洗いの実施	日々チェック	特記事項
1日	良・否	良・否	花子	4/1 朝、小麦粉の包装が1袋破れていたので返品。午後、再納品

記録の方法
- ①～④-2の項目について、日ごとに確認したら「日々チェック」欄にサインしておきましょう。

II 小規模な一般飲食店における衛生管理

2 重要管理の実施記録

様式：p.48

料理のチェック
●記録例

分類	非加熱のもの（冷蔵品を冷たいまま提供）	加熱するもの（冷蔵品を加熱し、熱いまま提供）	（加熱した後、高温保管）	加熱後冷却し、再加熱するもの	（加熱後、冷却するもの）
1日	ⓛ・否	ⓛ・否	ⓛ・否	ⓛ・否	ⓛ・否
2日	ⓛ・否	ⓛ・否	ⓛ・否	ⓛ・否	ⓛ・否

日々チェック	特記事項
花子	4/1　ハンバーグの内部が赤いとクレームがあった。調理したB君に確認したところ、急いでいたので確認が十分でなかったとのことであった。B君に加熱の徹底と確認を再教育した。
花子	

記録の方法
- メニューの分類ごとにチェックで確認したことを記録しましょう。
- 確認の結果が問題なかった場合は「良」に○印を記載しましょう。問題があった場合は「否」に○印を記載し、その内容や対処したことを記載しましょう。「否」については、できればその都度記録しましょう。
- 確認した人は「日々チェック」欄にサインしておきましょう。

3 特記事項と確認者

様式：p.46、48

クレームや衛生上、気がついたこと
●記録例

特記事項
4/11　昼、客がコップを破損。周囲の客、料理に影響ないことを確認。客のいないときにC君とテーブル、床を清掃。 A君復帰。食中毒ではなかった模様。今日の手洗い良好。この調子

記録の方法
- その日にあったクレームや衛生上、気がついたことを「特記事項」欄に記録しておきましょう。また、対応をした場合は、その内容もメモしておきましょう。

Step 2 計画に基づいて実施しましょう　Step 3 確認・記録をしましょう

週に１度、確認すること
●記録例

特記事項	確認者
4/6 13時過ぎ、C君からトイレが汚れているとの連絡があったので、清掃し洗剤で洗浄し、消毒。ノロウイルス処理キットがないので、念のため購入してください。 4/7　注文済み　太郎	4/7 太郎

> **記録の方法**
>
> ●可能であれば、日々のチェックを行った方と別の方（店主など）が、週に１度確認を行い、特記事項に記入し、「確認者」欄にサインしておきましょう。「一般的衛生管理の実施記録」と「重要管理の実施記録」の両方に記載しましょう。

■ 記録を保管しましょう

これらの一連の記録は、１年間程度は保管しておきましょう。

保健所の食品衛生監視員から提示を求められた場合は、速やかに対応しましょう。

1年間は保管しましょう

II 小規模な一般飲食店における衛生管理

■ 記録方法のまとめ

一般的衛生管理の実施記録

様式：p.46

- ア できていれば「良」、十分でない場合は「否」に○をつけます。
- イ 日ごとにチェックした人は「日々チェック」欄にサインしましょう。
- ウ 「否」に○をした場合は、その後の対処方法を特記事項にメモしておきましょう。
- エ 実施状況を日々チェックした方と別の方（店主など）が週に１度程度確認し、「確認者」欄にサインしましょう。
- オ 確認時以外に問題が発生した場合はレ印などをつけ、特記事項に対処内容などを記載しておきましょう。

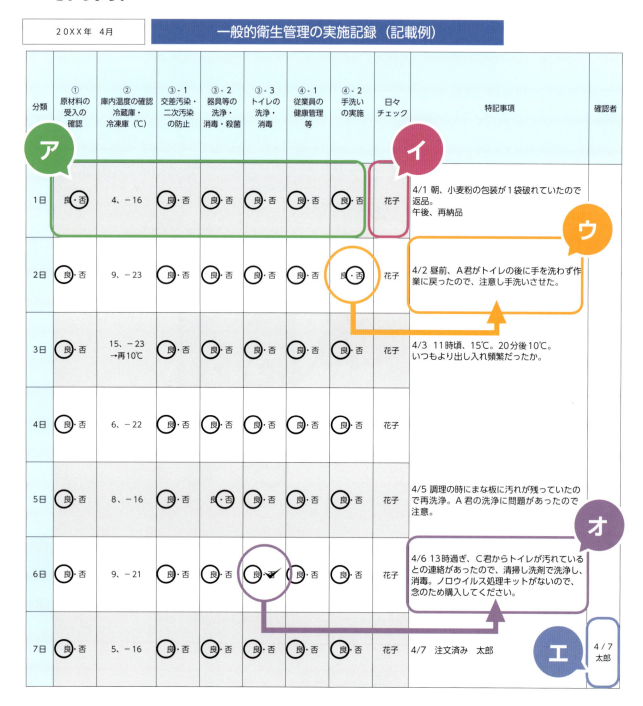

Step 2 計画に基づいて実施しましょう　Step 3 確認・記録をしましょう

重要管理の実施記録

様式：p.48

- ア　できていれば「良」、十分でない場合は「否」に○をつけます。
- イ　日ごとにチェックした人は「日々チェック」欄にサインしましょう。
- ウ　「否」に○をした場合は、その後の対処方法を特記事項にメモしておきましょう。
- エ　実施状況を日々チェックした方と別の方（店主など）が週に1度程度確認し、「確認者」欄にサインしましょう。

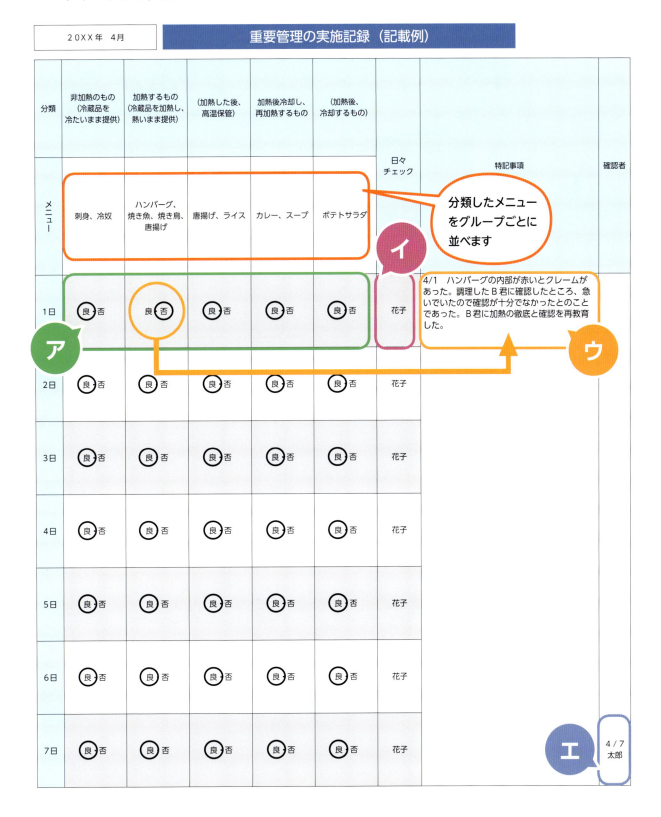

III その他

■ 保健所への報告

消費者からの健康被害（特に、医師の診断により食中毒の疑いがあると診断されたもの）および食品衛生法に違反する食品等に関する情報については、保健所などへ速やかに連絡しましょう。

消費者などから、異味・異臭の発生、異物の混入その他の苦情であって、健康被害につながるおそれが否定できないものを受けた場合は、保健所などへ速やかに報告しましょう。

その他、必要な緊急連絡先もあらかじめ記載しておきましょう。

様式　別紙3の「連絡先一覧」（p.52）に記載しておきましょう

■ 振り返り

定期的（1か月など）に記録の確認を行い、クレームや衛生上、気がついたことなど、同じような問題が発生している場合には、同一の原因が考えられますので対応を検討しましょう。

■様式

別紙1　一般飲食店における衛生管理計画

別紙2　一般的衛生管理の実施記録

　　　　重要管理の実施記録

別紙3　連絡先一覧

■様式

別紙1　一般飲食店における衛生管理計画

一般的衛生管理のポイント			
①	原材料の受入の確認	いつ	原材料の納入時・その他（　　　　　）
		どのように	
		問題があったとき	
②	庫内温度の確認（冷蔵庫・冷凍庫）	いつ	始業前・作業中・業務終了後・その他（　　　　　）
		どのように	
		問題があったとき	
③-1	交差汚染・二次汚染の防止	いつ	始業前・作業中・業務終了後・その他（　　　　　）
		どのように	
		問題があったとき	
③-2	器具等の洗浄・消毒・殺菌	いつ	始業前・使用後・業務終了後・その他（　　　　　）
		どのように	
		問題があったとき	
③-3	トイレの洗浄・消毒	いつ	始業前・作業中・業務終了後・その他（　　　　　）
		どのように	
		問題があったとき	
④-1	従業員の健康管理 等	いつ	始業前・作業中・その他（　　　　　）
		どのように	
		問題があったとき	
④-2	手洗いの実施	いつ	トイレの後、調理施設に入る前、盛り付けの前、作業内容変更時、生肉や生魚等を扱った後、金銭をさわった後、清掃を行った後・その他（　　　　　）
		どのように	
		問題があったとき	

⑤ 重要管理のポイント

分類	メニュー	チェック方法
非加熱のもの （冷蔵品を 冷たいまま提供）		
加熱するもの （冷蔵品を加熱し、 熱いまま提供）		
（加熱した後、 高温保管）		
加熱後冷却し、 再加熱するもの		
（加熱後、 冷却するもの）		

作成者サイン		作成した日	年	月	日

別紙1　一般飲食店における衛生管理計画（記載例）

一般的衛生管理のポイント

①	原材料の受入の確認	いつ	**原材料の納入時**・その他（　　　　　　　　）
		どのように	外観、におい、包装の状態、表示（期限、保存方法）を確認する
		問題があったとき	返品し、交換する
②	庫内温度の確認（冷蔵庫・冷凍庫）	いつ	**始業前**・作業中・業務終了後・その他（　　　　　　　　）
		どのように	温度計で庫内温度を確認する （冷蔵：10℃以下、冷凍：－15℃以下）
		問題があったとき	異常の原因を確認、設定温度を再調整／故障の場合は修理を依頼 食材の状態に応じて使用しない、または加熱して提供する
③-1	交差汚染・二次汚染の防止	いつ	始業前・**作業中**・業務終了後・その他（　　　　　　　　）
		どのように	冷蔵庫内の保管の状態を確認する まな板や包丁等の器具類は、用途別に使い分け、扱った都度に十分に洗浄し、消毒する
		問題があったとき	生肉等による汚染があった場合は加熱して提供、または食材として使用しない 使用時に、まな板や包丁等に汚れが残っていた場合は、洗剤で再度洗浄し、消毒する
③-2	器具等の洗浄・消毒・殺菌	いつ	始業前・**使用後**・業務終了後・その他（　　　　　　　　）
		どのように	使用の都度、まな板、包丁、 ボウル等の器具類を洗浄し、消毒する
		問題があったとき	使用時に汚れや洗剤等が残っていた場合は、 洗剤で再度洗浄、または、すすぎを行い、消毒する
③-3	トイレの洗浄・消毒	いつ	**始業前**・作業中・業務終了後・その他（　　　　　　　　）
		どのように	トイレの洗浄、消毒を行う 特に、便座、水洗レバー、手すり、ドアノブ等は入念に消毒する
		問題があったとき	業務中にトイレが汚れていた場合は、 洗剤で再度洗浄し、消毒する
④-1	従業員の健康管理 等	いつ	**始業前**・**作業中**・その他（　　　　　　　　）
		どのように	従業員の体調、手の傷の有無、着衣等の確認を行う
		問題があったとき	消化器系症状がある場合は調理作業に従事させない 手に傷がある場合は、耐水性の絆創膏をつけた上から手袋を着用させる 汚れた作業着は交換させる
④-2	手洗いの実施	いつ	**トイレの後、調理施設に入る前、盛り付けの前、作業内容変更時、生肉や生魚等を扱った後、金銭をさわった後、清掃を行った後** ・その他（　　　　　　　　）
		どのように	衛生的な手洗いを行う
		問題があったとき	作業中に従業員が必要なタイミングで手を洗っていないことを確認した場合は、すぐに手洗いを行わせる

⑤ 重要管理のポイント

分類	メニュー	チェック方法
非加熱のもの （冷蔵品を 冷たいまま提供）	刺身、冷奴	冷蔵庫より取り出したらすぐに提供する
加熱するもの （冷蔵品を加熱し、 熱いまま提供）	ハンバーグ	火の強さや時間、肉汁、見た目で判断する
	焼き魚	魚の大きさ、火の強さや時間、 焼き上がりの触感（弾力）、見た目で判断する
	焼き鳥	火の強さや時間、見た目で判断する
	唐揚げ	油の温度、揚げる時間、油にいれるチキンの数量、 見た目で判断する
（加熱した後、 高温保管）	唐揚げ ライス	触感、見た目で判断する
加熱後冷却し、 再加熱するもの	カレー スープ	速やかに冷却、再加熱時には気泡、見た目で判断する
（加熱後、 冷却するもの）	ポテトサラダ	速やかに冷却、冷蔵庫より取り出したらすぐに提供する

作成者サイン　　〇〇太郎	作成した日　〇〇〇〇 年　■■ 月　△△ 日

別紙2

一般的衛生管理の実施記録

　　　年　　　月

分類	① 原材料の受入の確認	② 庫内温度の確認 冷蔵庫・冷凍庫（℃）	③-1 交差汚染・二次汚染の防止	③-2 器具等の洗浄・消毒・殺菌	③-3 トイレの洗浄・消毒	④-1 従業員の健康管理等	④-2 手洗いの実施	日々チェック	特記事項	確認者
1日	良・否		良・否	良・否	良・否	良・否	良・否			
2日	良・否		良・否	良・否	良・否	良・否	良・否			
3日	良・否		良・否	良・否	良・否	良・否	良・否			
4日	良・否		良・否	良・否	良・否	良・否	良・否			
5日	良・否		良・否	良・否	良・否	良・否	良・否			
6日	良・否		良・否	良・否	良・否	良・否	良・否			
7日	良・否		良・否	良・否	良・否	良・否	良・否			
8日	良・否		良・否	良・否	良・否	良・否	良・否			
9日	良・否		良・否	良・否	良・否	良・否	良・否			
10日	良・否		良・否	良・否	良・否	良・否	良・否			
11日	良・否		良・否	良・否	良・否	良・否	良・否			
12日	良・否		良・否	良・否	良・否	良・否	良・否			
13日	良・否		良・否	良・否	良・否	良・否	良・否			
14日	良・否		良・否	良・否	良・否	良・否	良・否			
15日	良・否		良・否	良・否	良・否	良・否	良・否			

分類	① 原材料の受入の確認	② 庫内温度の確認 冷蔵庫・冷凍庫（℃）	③-1 交差汚染・二次汚染の防止	③-2 器具等の洗浄・消毒・殺菌	③-3 トイレの洗浄・消毒	④-1 従業員の健康管理等	④-2 手洗いの実施	日々チェック	特記事項	確認者
16日	良・否		良・否	良・否	良・否	良・否	良・否			
17日	良・否		良・否	良・否	良・否	良・否	良・否			
18日	良・否		良・否	良・否	良・否	良・否	良・否			
19日	良・否		良・否	良・否	良・否	良・否	良・否			
20日	良・否		良・否	良・否	良・否	良・否	良・否			
21日	良・否		良・否	良・否	良・否	良・否	良・否			
22日	良・否		良・否	良・否	良・否	良・否	良・否			
23日	良・否		良・否	良・否	良・否	良・否	良・否			
24日	良・否		良・否	良・否	良・否	良・否	良・否			
25日	良・否		良・否	良・否	良・否	良・否	良・否			
26日	良・否		良・否	良・否	良・否	良・否	良・否			
27日	良・否		良・否	良・否	良・否	良・否	良・否			
28日	良・否		良・否	良・否	良・否	良・否	良・否			
29日	良・否		良・否	良・否	良・否	良・否	良・否			
30日	良・否		良・否	良・否	良・否	良・否	良・否			
31日	良・否		良・否	良・否	良・否	良・否	良・否			

重要管理の実施記録

　　　年　　　月

分類	非加熱のもの（冷蔵品を冷たいまま提供）	加熱するもの（冷蔵品を加熱し、熱いまま提供）	（加熱した後、高温保管）	加熱後冷却し、再加熱するもの	加熱後冷却するもの	（加熱後、冷却するもの）	日々チェック	特記事項	確認者
メニュー									
1日	良・否	良・否	良・否	良・否	良・否	良・否			
2日	良・否	良・否	良・否	良・否	良・否	良・否			
3日	良・否	良・否	良・否	良・否	良・否	良・否			
4日	良・否	良・否	良・否	良・否	良・否	良・否			
5日	良・否	良・否	良・否	良・否	良・否	良・否			
6日	良・否	良・否	良・否	良・否	良・否	良・否			
7日	良・否	良・否	良・否	良・否	良・否	良・否			
8日	良・否	良・否	良・否	良・否	良・否	良・否			
9日	良・否	良・否	良・否	良・否	良・否	良・否			
10日	良・否	良・否	良・否	良・否	良・否	良・否			
11日	良・否	良・否	良・否	良・否	良・否	良・否			
12日	良・否	良・否	良・否	良・否	良・否	良・否			
13日	良・否	良・否	良・否	良・否	良・否	良・否			

分類	非加熱のもの（冷蔵品を冷たいまま提供）	加熱するもの（冷蔵品を加熱し、熱いまま提供）	（加熱した後、高温保管）	加熱後冷却し、再加熱するもの	（加熱後、冷却するもの）	日々チェック	特記事項	確認者
14日	良・否	良・否	良・否	良・否	良・否			
15日	良・否	良・否	良・否	良・否	良・否			
16日	良・否	良・否	良・否	良・否	良・否			
17日	良・否	良・否	良・否	良・否	良・否			
18日	良・否	良・否	良・否	良・否	良・否			
19日	良・否	良・否	良・否	良・否	良・否			
20日	良・否	良・否	良・否	良・否	良・否			
21日	良・否	良・否	良・否	良・否	良・否			
22日	良・否	良・否	良・否	良・否	良・否			
23日	良・否	良・否	良・否	良・否	良・否			
24日	良・否	良・否	良・否	良・否	良・否			
25日	良・否	良・否	良・否	良・否	良・否			
26日	良・否	良・否	良・否	良・否	良・否			
27日	良・否	良・否	良・否	良・否	良・否			
28日	良・否	良・否	良・否	良・否	良・否			
29日	良・否	良・否	良・否	良・否	良・否			
30日	良・否	良・否	良・否	良・否	良・否			
31日	良・否	良・否	良・否	良・否	良・否			

別紙2

一般的衛生管理の実施記録（記載例）

20XX年　4月

分類	① 原材料の受入の確認	② 庫内温度の確認 冷蔵庫 冷凍庫（℃）	③-1 交差汚染・二次汚染の防止	③-2 器具等の洗浄・消毒・殺菌	③-3 トイレの洗浄・消毒	④-1 従業員の健康管理等	④-2 手洗いの実施	日々チェック	特記事項	確認者
1日	良・**否**	4、-16	**良**・否	**良**・否	**良**・否	**良**・否	**良**・否	花子	4/1 朝、小麦粉の包装が1袋破れていたので返品。午後、再納品	
2日	**良**・否	9、-23	**良**・否	**良**・否	**良**・否	**良**・否	良・**否**	花子	4/2 昼前、A君がトイレの後に手を洗わず作業に戻ったので、注意し手洗いさせた。	
3日	**良**・否	15、-23 →再10℃	**良**・否	**良**・否	**良**・否	**良**・否	**良**・否	花子	4/3 11時頃、15℃。20分後10℃。いつもより出し入れ頻繁だったか。	
4日	**良**・否	6、-22	**良**・否	**良**・否	**良**・否	**良**・否	**良**・否	花子		
5日	**良**・否	8、-16	**良**・否	**良**・**否**	**良**・否	**良**・否	**良**・否	花子	4/5 調理の時にまな板に汚れが残っていたので再洗浄。A君の洗浄に問題があったので注意。	
6日	**良**・否	9、-21	**良**・否	**良**・否	良・**否**	**良**・否	**良**・否	花子	4/6 13時過ぎ、C君からトイレが汚れているとの連絡があったので、清掃し洗浄で洗い、消毒。ノロウイルス処理キットがないので、急ぎで購入してください。	
7日	**良**・否	5、-16	**良**・否	**良**・否	**良**・否	**良**・否	**良**・否	花子	4/7 注文済み 太郎	4/7 太郎
8日	**良**・否	9、-23	**良**・否	**良**・否	**良**・否	**良**・否	**良**・否	花子		
9日	**良**・否	8、-16	**良**・否	**良**・否	**良**・否	**良**・否	**良**・否	C次郎	4/9 花子さん一日不在、代理	
10日	**良**・否	6、-18	**良**・否	**良**・否	**良**・否	**良**・**否**	**良**・否	花子	4/10 朝、A君が体調が悪そうだった。聞いたら下痢なので、帰宅させた。	
11日	**良**・否	7、-15	**良**・否	**良**・否	**良**・否	**良**・否	**良**・否	花子	4/11 昼、客がコップを破損。周囲の客、料理に影響ないことを確認。客のいないときにC君とテーブル、床を清掃。A君復帰。食中毒ではなかった模様。今日の手洗い良好。	
12日	良・否	8、-16	**良**・否	**良**・否	**良**・否	**良**・否	**良**・否	花子	この調子	
13日	良・否		良・否	良・否	良・否	良・否	良・否			
14日	良・否		良・否	良・否	良・否	良・否	良・否			
15日	良・否		良・否	良・否	良・否	良・否	良・否			

50

重要管理の実施記録（記載例）

20XX年　4月

分類	非加熱のもの（冷蔵品を冷たいまま提供）	加熱するもの（冷蔵品を加熱し、熱いまま提供）	（加熱した後、高温保管）	加熱後冷却し、再加熱するもの	（加熱後、冷却するもの）	日々チェック	特記事項	確認者
メニュー	刺身、冷奴	ハンバーグ、焼き魚、焼き鳥、唐揚げ	唐揚げ、ライス	カレー、スープ	ポテトサラダ			
1日	ⓐ良・否	良・㊇	ⓐ良・否	ⓐ良・否	ⓐ良・否	花子	4/1 ハンバーグの内部が赤いとクレームがあった。調理したB君に確認したところ、急いでいたので確認が十分でなかったとのことであった。B君に加熱の徹底と確認を再教育した。	4/7 太郎
2日	ⓐ良・否	ⓐ良・否	ⓐ良・否	ⓐ良・否	ⓐ良・否	花子		
3日	ⓐ良・否	ⓐ良・否	ⓐ良・否	ⓐ良・否	ⓐ良・否	花子		
4日	ⓐ良・否	ⓐ良・否	ⓐ良・否	ⓐ良・否	ⓐ良・否	花子		
5日	ⓐ良・否	ⓐ良・否	ⓐ良・否	ⓐ良・否	ⓐ良・否	花子		
6日	ⓐ良・否	ⓐ良・否	ⓐ良・否	ⓐ良・否	ⓐ良・否	花子		
7日	ⓐ良・否	ⓐ良・否	ⓐ良・否	ⓐ良・否	ⓐ良・否	花子		
8日	ⓐ良・否	ⓐ良・否	ⓐ良・否	ⓐ良・否	ⓐ良・否	花子		
9日	ⓐ良・否	ⓐ良・否	ⓐ良・否	ⓐ良・否	ⓐ良・否	C次郎		
10日	ⓐ良・否	ⓐ良・否	ⓐ良・否	ⓐ良・否	ⓐ良・否	花子		
11日	ⓐ良・否	ⓐ良・否	ⓐ良・否	ⓐ良・否	ⓐ良・否	花子		
12日	ⓐ良・否	ⓐ良・否	ⓐ良・否	ⓐ良・否	ⓐ良・否	花子		
13日	良・否	良・否	良・否	良・否	良・否			

別紙3　連絡先一覧

機 関 名	電話・FAX	備考（担当者など）
保　健　所		
ガス		
電気		
水道（水漏れ）		
主たる原材料の購入先		

■食中毒を引き起こす主な細菌、ウイルス
■手順書
1. 原材料の受入の確認
2. 冷蔵・冷凍庫の温度の確認
3. 交差汚染・二次汚染の防止
4. 器具等の洗浄・消毒・殺菌
5. トイレの洗浄・消毒
6. 従業員の健康管理・衛生的作業着の着用など
7. 衛生的な手洗いの実施
8. 温度計の精度確認（校正）

日本食品衛生協会が推奨する衛生的な手洗い

食中毒を引き起こす主な細菌、ウイルス

次のウイルスや細菌の特徴を理解したうえで、扱う食品に適した対策を行いましょう。

ノロウイルス

特徴
- ノロウイルスに感染している調理従事者から食品が汚染されて発生する事例が多い
- 微量（100個以下程度）のウイルスでも食中毒を起こす
- 乾燥や低温状態で長期間感染力を保持する
- 塩素系消毒剤による不活化が効果的である（効果が期待できるアルコール製剤も市販されている）

原因食品
調理従事者を介して汚染されたあらゆる食品、二枚貝

対策
- 調理従事者の健康管理をしっかり行う（特に、下痢等の消化器系症状のある人は調理をさせない）
- 衛生的な手洗いの確実な実施（トイレの後、調理施設に入る前、盛り付けの前、作業内容変更時、生肉や生魚などを扱った後、金銭をさわった後、清掃を行った後）
- トイレを定期的に洗浄、消毒する
- おう吐物の適切な処理
- 汚染のおそれのある食品は中心温度85〜90℃・90秒間以上の加熱

事例　刻み海苔によるノロウイルス食中毒
原因施設：海苔加工業者
原因食品：刻み海苔
患者数：1,084名
発生要因：
①調理従事者がノロウイルスによる体調不良であった可能性がある。
②調理従事者の手洗いが不十分であった可能性がある。

カンピロバクター

特徴
- 動物の腸管内に生息し、食肉や飲料水を汚染する
- 微量でも食中毒を起こすが、乾燥や加熱に弱い

原因食品
加熱不十分な鶏肉や鶏肉の生食（鶏刺し、鶏たたき、鶏わさなど）、鶏肉からの二次汚染による食品

対策
- 加熱不十分な食肉や内臓あるいは食肉等の生食をさける
- 食肉は中心部までよく加熱（75℃・1分間以上）
- 食肉にふれた手指や調理器具はその都度洗浄、消毒し、よく乾燥させる
- 保存時や調理時に、肉と他の食材(野菜、果物等)との接触を防ぐ

事例　鶏ささみによるカンピロバクター食中毒
原因施設：屋外イベント
原因食品：鶏ささみ寿司
患者数：609名
発生原因：鶏肉表面に熱（湯）を加えた程度の加熱調理であり、中心部までの殺菌が不十分であったこと。

腸管出血性大腸菌（O157など）

特　徴
- ベロ毒素を産生する大腸菌の一種
- 牛などの動物の腸管内に生息し、乾燥に強く、堆肥中でも数か月生存できる
- 微量でも食中毒を起こすが、加熱に弱い

原因食品
ハンバーグ、牛レバー、食肉等からの二次汚染による食品、サラダや浅漬けなど加熱工程のない野菜、井戸水等

対　策
- 生野菜はよく洗い、必要ならば殺菌する
- 食肉は中心部までよく加熱（75℃・1分間以上）
- 食肉にふれた手指や調理器具はその都度洗浄、消毒する
- 食肉と他の食品の相互汚染がないように、保管方法、調理方法に注意する
- 調理従事者の健康管理、健康確認をしっかり行う

事例　サラダ（千切りキャベツ）による腸管出血性大腸菌O157食中毒
原因施設：食堂
原因食品：サラダ（千切りキャベツ）
患者数：445名
発生原因：
① O157に汚染された牛肉の処理後、十分な手洗いをせず生野菜を加工したこと。
② 冷蔵庫内で肉汁が漏れ生野菜を二次汚染したこと。
③ 肉汁に汚染されたシンクを洗浄・消毒せずに水を溜め、千切りキャベツを直に入れて洗ったこと。

サルモネラ属菌

特　徴
- 動物の腸管内や自然界に広く生息する
- 鶏卵の衛生管理の徹底により発生件数は減少している
- 加熱に弱い

原因食品
鶏卵およびその加工品、食肉およびその加工品、複合調理食品

対　策
- 卵、食肉は低温保管する［10℃以下、生食用食肉（牛肉）は4℃以下］
- 割卵後はただちに調理して早めに提供、卵の割り置きは絶対しない
- 食材は中心部までよく加熱（75℃・1分間以上）
- 卵や食肉にふれた手指や調理器具はその都度洗浄、消毒する

事例　オムライスによるサルモネラ食中毒
原因施設：食堂
原因食品：オムライス
患者数：11名
発生原因：短時間に利用者が集中することから、
① 大量の卵を割り置きし、その間に菌が増殖したこと。
② 十分な加熱をせず半熟状態で提供していたこと。

ウエルシュ菌

特徴

- 土壌、地下水などの自然界に広く分布し、ヒトや動物の腸管内にも生息する
- 食中毒を起こすウエルシュ菌は熱に強い芽胞（100℃で1～6時間でも生残）を形成し、通常の加熱調理では死滅しない
- 酸素のある条件下では増殖できない

原因食品

大量調理されたスープ、カレー、シチュー、煮物などの加熱食品

対策

- 食品中での菌の増殖を防ぐため前日調理や室温放置をさける
- 大量につくった料理を保管するときはただちに小分けし、短時間で急速冷却して低温保存（2時間以内に20℃以下）する、または、高温保管庫（60℃以上）で保存することにより菌の増殖を抑制する
- 調理済みの食肉、魚介類、野菜などの大量調理食品は、提供直前に十分な再加熱（100℃・15分間以上）により発芽細菌を殺菌する

> **事例　カレーによるウエルシュ菌食中毒**
> 原因施設：家庭（スポーツイベントで提供）
> 原因食品：カレー
> 患者数：173名
> 発生原因：前日に大釜で調理後、翌日まで室温放置し昼食前に再加熱し、提供した。
> ①加熱調理後、冷却工程がなく一晩室温に放置されたこと。
> ②翌日の再加熱が十分でなく、菌が死滅しなかったこと。
> ③屋外で調理した際、なんらかの形でカレーの中に菌が混入したことも考えられる。

黄色ブドウ球菌

特徴

- ヒトや動物の皮膚、鼻孔、のどの粘膜などに常住する
- 特に傷などに化膿菌として存在する
- 菌は加熱に弱いが、食品中で増えるとエンテロトキシンという毒素を産生する（この毒素は調理程度の加熱では壊れない）

原因食品

手指からの汚染によるさまざまな食品、特におにぎりなどの穀物加工品、弁当、調理パン、菓子類

対策

- 手指などに切り傷や化膿創のある人は、食品に直接ふれたりせずに、耐水性絆創膏をつけた上から手袋を着用する
- 手指の洗浄、消毒を十分に行う
- 調理にあたっては、帽子やマスクを着用する
- 食品は10℃以下で保存し、菌が増えるのを防ぐ

> **事例　弁当による黄色ブドウ球菌食中毒**
> 原因施設：スーパーの調理施設
> 原因食品：弁当（焼き鮭、コロッケ、千切りキャベツ、ポテトサラダなど）
> 患者数：38名
> 発生原因：製造者の衛生管理の不備（手指・調理器具などの洗浄殺菌不足）。調理後約6時間にわたり常温で置かれていたこと（温度管理）。

食中毒を引き起こす主な細菌、ウイルス

ヒスタミン

特徴

- 魚肉に存在するアミノ酸の一種であるヒスチジンがヒスタミン産生菌の酵素で生成される物質
- ヒスタミンはヒトの生体内でも合成される重要な生理活性成分だが、食物から多量に摂取すると食中毒の原因になる
- ヒスタミン産生菌は、大きく分けると、海水中にいる海洋性細菌と、ヒトや動物の腸管内にいる腸内細菌科の細菌の2種類がある
- 一度生成したヒスタミンは加熱調理では分解できない

原因食品

マグロ、ブリ、サンマ、イワシなどの赤身魚およびその加工品

対策

- 受入時、品温（10℃以下）の確認をする　・速やかに冷却し、産生菌を増やさない
- 冷凍魚介類は冷蔵庫で解凍し、常温解凍はさけ、凍結・解凍をくり返さない
- 調理加工において菌をつけない（速やかに内臓を取り除き、魚体を洗浄してヒスタミン産生菌を減らす）
- 調理加工時には品温が高くならないようにする　・ヒスタミンが産生される前に加熱調理する
- ヒスタミンの制御が行われている、信頼できる業者から魚を購入する

> **事例　マグロの照り焼きによるヒスタミン食中毒**
> 原因施設：食堂
> 原因食品：マグロの照り焼き
> 患者数：15名
> 発生原因：
> ① 通常、冷凍マグロを仕入れることとしていたが、鮮魚店が受け入れたときにはすでに解凍されていた。
> ② 食堂に納入後、ただちに調味液に漬け込み、すぐに冷蔵保管したが、加熱調理するまで約25時間経過していたことも要因。

アニサキス

特徴

- 半透明白色で体長2〜3cmくらい、幅0.5〜1mmくらいのひも状の寄生虫
- サバ、サケ、スルメイカ、イワシ、サンマ、アジ、タラ、マスなどさまざまな海産魚類やイカの内臓表面や筋肉内に寄生する（寄生時は渦巻状になっていることが多い）

原因食品

寄生した魚類などの生食および未加熱加工品

対策

- 冷凍（-20℃・24時間以上）または加熱（60℃・1分間、70℃以上で瞬時）で感染性が失われる
- 生食する魚介類は新鮮なうちに内臓を除去し、低温（4℃以下）で保存する
- 目に見える大きさのため、薄くそぎ切りにして切り、取り除く
- 通常の料理で用いる程度の醤油、酢、わさびなどでは死なない

> **事例　寿司によるアニサキス食中毒**
> 原因施設：飲食店
> 原因食品：しめさば、イワシ、スルメイカなどの寿司
> 患者数：1名
> 発生原因：調理時にアニサキスが付着していないか、目視による確認不足が考えられる。

手順書

1 原材料の受入の確認

1. 原材料が到着したら、商品、数量など、注文したものと納品されたものが合っているかどうかを確認します。
2. さらに、外観、におい、包装の状態、表示（期限、保存方法）などを確認します。
3. 可能であれば、冷蔵・冷凍品の温度を確認します。なお、冷蔵・冷凍品は、室温に置かれる時間をできるだけ短くします。
4. なんらかの問題があったときは、決めた方法に従い、返品するなどしましょう。
5. これらを日誌に記録しましょう。

2 冷蔵・冷凍庫の温度の確認

1. 冷蔵庫・冷凍庫の庫内温度の温度計を確認します。温度計がついていない場合には温度計を設置しましょう。外から温度が見えるものが便利です。
2. 決めた頻度（例：「始業前」）に従って、温度を測定します。なお、保存している食材の期限表示も定期的に確認し、期限内に使用するようにしましょう。
3. なんらかの問題があったときは、決めた方法に従い対応します。温度計の精度の確認（校正）を行う場合は、手順8（p.62）を参考にしてください。

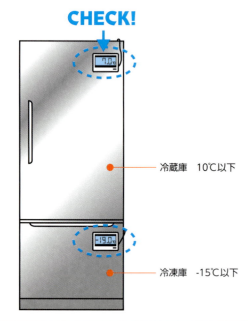

> 例）温度異常の原因を確認し、設定温度の再調整、あるいは故障の場合はメーカーに修理を依頼しましょう。食材の状態に応じて使用しないか、または加熱して提供しましょう。

4. これらを日誌に記録しましょう。

3 交差汚染・二次汚染の防止

1. 生肉、生魚介類などの食材はふたつきの容器などに入れ、冷蔵庫の最下段に保管しましょう。冷蔵庫内の食品の種類ごとに決められた場所に保管しましょう。
まな板、包丁などの調理器具は、肉や魚などの用途別に分け、それらを扱った都度十分に洗浄し、消毒しましょう。
2. 決めた頻度（例：「作業中」）に従って、冷蔵庫内の保管状況や調理器具の使用・洗浄などについて確認します。
3. なんらかの問題があったときは、決めた方法に従い対応します。

> 例) 調理器具などを介して食材に生肉などからの汚染の可能性があった場合は、必ず加熱して提供する、または場合によっては食材として使用しないようにしましょう。まな板や包丁などに汚れが残っている場合は、再度洗浄し、消毒を行いましょう。

4. これらを日誌に記録しましょう。

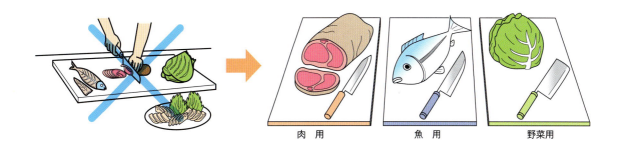

59

4 器具等の洗浄・消毒・殺菌

1. 器具類は、肉や魚などの用途別に分け、それらを扱った都度、以下の5の手順で十分洗浄し、消毒しましょう。
2. 決めた頻度（例：「使用後」）に従って、器具類の洗浄を確認しましょう。
3. なんらかの問題があったときは、決めた方法に従い対応します。

> 例）使用時に汚れや洗剤などが残っていた場合は、洗剤で再度洗浄、または、すすぎを行い、消毒しましょう。

4. これらを日誌に記録しましょう。
5. 洗浄などの手順

　●まな板、包丁、へらなど
　　① 水道水で水洗いし、目に見える食品、汚れを取り除きます。
　　② スポンジタワシに洗剤をつけ、泡立ててよく洗浄します。
　　③ 水道水でよく洗剤を洗い流します。
　　④ 熱湯、塩素系殺菌剤または70％アルコールなどにより殺菌します。
　　⑤ よく乾燥させ、清潔な場所で保管します。

　●ふきん、タオルなど
　　① 水道水で水洗いします。
　　② 洗剤をつけ、泡立ててよく洗浄します。
　　③ 水道水でよく洗剤を洗い流します。
　　④ 可能であれば、沸騰したお湯で5分間以上煮沸殺菌、または、塩素系殺菌剤で殺菌を行います。
　　⑤ 清潔な場所で乾燥、保管します。

5 トイレの洗浄・消毒

1. トイレの洗浄・消毒は、4の手順に従って、決めた頻度（例：「始業前」）で実施し、確認しましょう。
2. なんらかの問題があったときは、決めた方法に従い対応します。

> 例）業務中にトイレが汚れていた場合は、洗剤で再度洗浄し、消毒しましょう。

3 これらを日誌に記録しましょう。
4 洗浄などの手順
① 調理を行うときの服とは異なる服、くつ、ゴム手袋を身につけます。

② トイレ用洗剤、ブラシ、スポンジを用意します。
③ 水洗レバー、ドアノブなど手指がふれる場所を、塩素系殺菌剤で拭き上げます。5〜10分後に水を含ませ軽く絞った布で拭き上げます。
④ 手洗い設備の洗浄を行います。
⑤ 便器は、専用洗剤を用いて、ブラシでこすり洗いした後、流水ですすぎます。
⑥ 床面は、専用洗剤を用いて、ブラシでこすり洗いした後、流水で洗い流します。
⑦ 水洗レバー、ドアノブなどにふれてしまうなど、消毒済みの個所を汚染しないようにしましょう。汚染の可能性があった場合は、再度殺菌しましょう。
⑧ 使用した用具は洗浄し乾燥・保管します。
⑨ 終了後は、入念に手洗いを行います。

6 従業員の健康管理・衛生的作業着の着用など

従業員の健康・衛生は、決めた頻度（例：「始業前」または「作業中」）に従って、以下の方法で確認しましょう。

1 従業員に、下痢や嘔吐などの症状がある人がいないか確認します。症状があった人は直接食品を取り扱う業務に従事させてはいけません。帰宅させ、病院を受診するようにしましょう。治るまでは、直接食品を取り扱う業務に従事させないようにしましょう。
2 従業員の手指に傷がないか、確認しましょう。ある場合には、耐水性絆創膏をつけた上から手袋を着用させましょう。
また、使い捨て手袋の着用を過信してはいけません。手袋を着用するときも衛生的な手洗いを行いましょう。

3 従業員が、食品を取り扱う際に清潔な服を着用しているか確認しましょう。
4 従業員が、髪を清潔に保ち、必要な場合は結んでいるか確認しましょう。
5 腕時計や指輪などの貴金属をはずしているか確認しましょう。
6 これらを日誌に記録しましょう。

7 衛生的な手洗いの実施

① p.63の方法に従って、決めた頻度（例：「トイレの後、調理施設に入る前、盛り付けの前、作業内容変更時、生肉や生魚などを扱った後、金銭をさわった後、清掃を行った後」）で、衛生的な手洗いを実施し、確認しましょう。

② なんらかの問題があったときは、決めた方法に従い対応します。

> 例）作業中に従業員が必要なタイミングで手を洗っていないことを確認した場合は、すぐに手洗いを行わせましょう。

③ これらを日誌に記録しましょう。
④ 手洗いの方法：p.63参照

8 温度計の精度確認（校正）

温度計は重要な計測機器です。必要に応じて、以下の手順を参考に精度の確認（校正）を行いましょう。

① 砕いた氷を用意します。氷水に温度計のセンサーを入れ、静置（約1分）後に表示温度が0℃になることを確認します。

② 次に電気ケトルに水を入れ、沸騰させます。沸騰したら注ぎ口に温度計のセンサーを刺し、沸騰蒸気の温度を測定します。静置（約1分）後に表示温度が100℃になることを確認します。

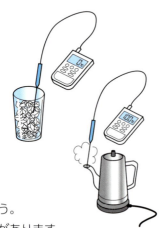

（注意）
- やかんは直火の輻射熱の影響を受けるので電気ケトルを使いましょう。
- 施設の海抜高度や気圧によっては、100℃（沸点）にならないことがあります。

日本食品衛生協会が推奨する衛生的な手洗い

1 流水で手を洗う

2 洗浄剤を手に取る
（両手を洗うのに十分な量の洗浄剤をとる）

3 手のひら、指の腹面を洗う
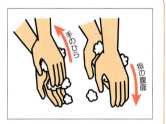

4 手の甲、指の背を洗う
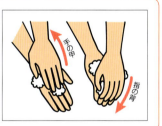

5 指の間（側面）、股（付け根）を洗う
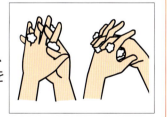

6 親指と親指の付け根のふくらんだ部分を洗う
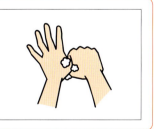

7 指先を洗う
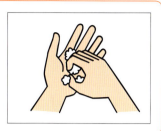

8 手首を洗う（内側・側面・外側）

9 洗浄剤を十分な流水でよく洗い流す

10 手を拭き乾燥させる
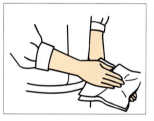

11 アルコールによる消毒
（爪下・爪周辺に直接かけた後、手指全体によく擦り込む）

2度洗いが効果的です！
（2〜9までをくり返す）
2度洗いで菌やウイルスを洗い流しましょう。

はじめよう HACCP
HACCP の考え方を取り入れた衛生管理のための手引書
（小規模な一般飲食店事業者向け）

2018年 2月19日	初 版 発 行	定価：770円（税込）
2018年 6月26日	第 2 版発行	
2018年 9月25日	第 2 版 2 刷発行	
2019年 3月18日	第 3 版発行	
2019年 9月 5 日	第 3 版 2 刷発行	
2019年12月16日	第 3 版 3 刷発行	
2021年12月 1 日	第 3 版 4 刷発行	

発 行 人　　塚脇　一政

発 行 所　　公益社団法人日本食品衛生協会
　　　　　　〒150-0001
　　　　　　東京都渋谷区神宮前2－6－1 食品衛生センター
　　　　　　電　　話　03-3403-2114（出版部普及課）
　　　　　　　　　　　03-3403-2122（出版部制作課）
　　　　　　F A X　　03-3403-2384
　　　　　　E-mail　　fukyuuka@jfha.or.jp
　　　　　　　　　　　hensyuuka@jfha.or.jp
　　　　　　http://www.n-shokuei.jp/

印 刷 所　　株式会社 太平社

©2021 Printed in Japan Food Hygiene Association
ISBN978-4-88925-097-8

START NOTE
スタートノート

― 記録用紙演習帳 ―

START NOTEには、衛生管理計画の作成や記録に用いる表を記載例とともに収載しています。実際に書き込んだり、コピーするなどしてご活用ください。

収載項目
■一般飲食店における衛生管理計画
　・一般的衛生管理のポイント
　・重要管理のポイント
■実施記録
　・一般的衛生管理
　・重要管理
■連絡先一覧

衛生管理の「見える化」を Let's Try !!

一般飲食店における衛生管理計画

一般的衛生管理のポイント			
①	原材料の受入の確認	いつ	原材料の納入時・その他（　　　　　）
		どのように	
		問題があったとき	
②	庫内温度の確認（冷蔵庫・冷凍庫）	いつ	始業前・作業中・業務終了後・その他（　　　　　）
		どのように	
		問題があったとき	
③-1	交差汚染・二次汚染の防止	いつ	始業前・作業中・業務終了後・その他（　　　　　）
		どのように	
		問題があったとき	
③-2	器具等の洗浄・消毒・殺菌	いつ	始業前・使用後・業務終了後・その他（　　　　　）
		どのように	
		問題があったとき	
③-3	トイレの洗浄・消毒	いつ	始業前・作業中・業務終了後・その他（　　　　　）
		どのように	
		問題があったとき	
④-1	従業員の健康管理 等	いつ	始業前・作業中・その他（　　　　　）
		どのように	
		問題があったとき	
④-2	手洗いの実施	いつ	トイレの後、調理施設に入る前、盛り付けの前、作業内容変更時、生肉や生魚等を扱った後、金銭をさわった後、清掃を行った後・その他（　　　　　）
		どのように	
		問題があったとき	

⑤ 重要管理のポイント

分類	メニュー	チェック方法
非加熱のもの （冷蔵品を 冷たいまま提供）		
加熱するもの （冷蔵品を加熱し、 熱いまま提供）		
（加熱した後、 高温保管）		
加熱後冷却し、 再加熱するもの		
（加熱後、 冷却するもの）		

| 作成者サイン | | 作成した日 | 年 | 月 | 日 |

一般飲食店における衛生管理計画（記載例）

一般的衛生管理のポイント

①	原材料の受入の確認	いつ	**原材料の納入時**・その他（　　　　　）
		どのように	外観、におい、包装の状態、表示（期限、保存方法）を確認する
		問題があったとき	返品し、交換する
②	庫内温度の確認（冷蔵庫・冷凍庫）	いつ	**始業前**・作業中・業務終了後・その他（　　　　　）
		どのように	温度計で庫内温度を確認する （冷蔵：１０℃以下、冷凍：－１５℃以下）
		問題があったとき	異常の原因を確認、設定温度を再調整／故障の場合は修理を依頼 食材の状態に応じて使用しない、または加熱して提供する
③-1	交差汚染・二次汚染の防止	いつ	始業前・**作業中**・業務終了後・その他（　　　　　）
		どのように	冷蔵庫内の保管の状態を確認する まな板や包丁等の器具類は、用途別に使い分け、扱った都度に十分に洗浄し、消毒する
		問題があったとき	生肉等による汚染があった場合は加熱して提供、または食材として使用しない 使用時に、まな板や包丁等に汚れが残っていた場合は、洗剤で再度洗浄し、消毒する
③-2	器具等の洗浄・消毒・殺菌	いつ	始業前・**使用後**・業務終了後・その他（　　　　　）
		どのように	使用の都度、まな板、包丁、ボウル等の器具類を洗浄し、消毒する
		問題があったとき	使用時に汚れや洗剤等が残っていた場合は、洗剤で再度洗浄、または、すすぎを行い、消毒する
③-3	トイレの洗浄・消毒	いつ	**始業前**・作業中・業務終了後・その他（　　　　　）
		どのように	トイレの洗浄、消毒を行う 特に、便座、水洗レバー、手すり、ドアノブ等は入念に消毒する
		問題があったとき	業務中にトイレが汚れていた場合は、洗剤で再度洗浄し、消毒する
④-1	従業員の健康管理 等	いつ	**始業前**・**作業中**・その他（　　　　　）
		どのように	従業員の体調、手の傷の有無、着衣等の確認を行う
		問題があったとき	消化器系症状がある場合は調理作業に従事させない 手に傷がある場合は、絆創膏をつけた上から手袋を着用させる 汚れた作業着は交換させる
④-2	手洗いの実施	いつ	**トイレの後、調理施設に入る前、盛り付けの前、作業内容変更時、生肉や生魚等を扱った後、金銭をさわった後、清掃を行った後**・その他（　　　　　）
		どのように	衛生的な手洗いを行う
		問題があったとき	作業中に従業員が必要なタイミングで手を洗っていないことを確認した場合は、すぐに手洗いを行わせる

⑤ 重要管理のポイント

分類	メニュー	チェック方法
非加熱のもの （冷蔵品を 冷たいまま提供）	刺身、冷奴	冷蔵庫より取り出したらすぐに提供する
加熱するもの （冷蔵品を加熱し、 熱いまま提供）	ハンバーグ	火の強さや時間、肉汁、見た目で判断する
	焼き魚	魚の大きさ、火の強さや時間、 焼き上がりの触感（弾力）、見た目で判断する
	焼き鳥	火の強さや時間、見た目で判断する
	唐揚げ	油の温度、揚げる時間、油にいれるチキンの数量、 見た目で判断する
（加熱した後、 高温保管）	唐揚げ ライス	触感、見た目で判断する
加熱後冷却し、 再加熱するもの	カレー スープ	速やかに冷却、再加熱時には気泡、見た目で判断する
（加熱後、 冷却するもの）	ポテトサラダ	速やかに冷却、冷蔵庫より取り出したらすぐに提供する

作成者サイン　〇〇太郎　　　　作成した日　〇〇〇〇　年　■■　月　△△　日

一般的衛生管理の実施記録

年　　　月

分類	① 原材料の受入の確認	② 庫内温度の確認 冷蔵庫・冷凍庫（℃）	③-1 交差汚染・二次汚染の防止	③-2 器具等の洗浄・消毒・殺菌	③-3 トイレの洗浄・消毒	④-1 従業員の健康管理等	④-2 手洗いの実施	日々チェック	特記事項	確認者
1日	良・否		良・否	良・否	良・否	良・否	良・否			
2日	良・否		良・否	良・否	良・否	良・否	良・否			
3日	良・否		良・否	良・否	良・否	良・否	良・否			
4日	良・否		良・否	良・否	良・否	良・否	良・否			
5日	良・否		良・否	良・否	良・否	良・否	良・否			
6日	良・否		良・否	良・否	良・否	良・否	良・否			
7日	良・否		良・否	良・否	良・否	良・否	良・否			
8日	良・否		良・否	良・否	良・否	良・否	良・否			
9日	良・否		良・否	良・否	良・否	良・否	良・否			
10日	良・否		良・否	良・否	良・否	良・否	良・否			
11日	良・否		良・否	良・否	良・否	良・否	良・否			
12日	良・否		良・否	良・否	良・否	良・否	良・否			
13日	良・否		良・否	良・否	良・否	良・否	良・否			
14日	良・否		良・否	良・否	良・否	良・否	良・否			
15日	良・否		良・否	良・否	良・否	良・否	良・否			

分類	① 原材料の受入の確認	② 庫内温度の確認 冷蔵庫・冷凍庫 (℃)	③-1 交差汚染・二次汚染の防止	③-2 器具等の洗浄・消毒・殺菌	③-3 トイレの洗浄・消毒	④-1 従業員の健康管理等	④-2 手洗いの実施	日々チェック	特記事項	確認者
16日	良・否		良・否	良・否	良・否	良・否	良・否			
17日	良・否		良・否	良・否	良・否	良・否	良・否			
18日	良・否		良・否	良・否	良・否	良・否	良・否			
19日	良・否		良・否	良・否	良・否	良・否	良・否			
20日	良・否		良・否	良・否	良・否	良・否	良・否			
21日	良・否		良・否	良・否	良・否	良・否	良・否			
22日	良・否		良・否	良・否	良・否	良・否	良・否			
23日	良・否		良・否	良・否	良・否	良・否	良・否			
24日	良・否		良・否	良・否	良・否	良・否	良・否			
25日	良・否		良・否	良・否	良・否	良・否	良・否			
26日	良・否		良・否	良・否	良・否	良・否	良・否			
27日	良・否		良・否	良・否	良・否	良・否	良・否			
28日	良・否		良・否	良・否	良・否	良・否	良・否			
29日	良・否		良・否	良・否	良・否	良・否	良・否			
30日	良・否		良・否	良・否	良・否	良・否	良・否			
31日	良・否		良・否	良・否	良・否	良・否	良・否			

重要管理の実施記録

年　　月

分類	非加熱のもの（冷蔵品を冷たいまま提供）	加熱するもの（冷蔵品を加熱し、熱いまま提供）	(加熱した後、高温保管)	加熱後冷却し、再加熱するもの	(加熱後、冷却するもの)	日々チェック	特記事項	確認者
メニュー								
1日	良・否	良・否	良・否	良・否	良・否			
2日	良・否	良・否	良・否	良・否	良・否			
3日	良・否	良・否	良・否	良・否	良・否			
4日	良・否	良・否	良・否	良・否	良・否			
5日	良・否	良・否	良・否	良・否	良・否			
6日	良・否	良・否	良・否	良・否	良・否			
7日	良・否	良・否	良・否	良・否	良・否			
8日	良・否	良・否	良・否	良・否	良・否			
9日	良・否	良・否	良・否	良・否	良・否			
10日	良・否	良・否	良・否	良・否	良・否			
11日	良・否	良・否	良・否	良・否	良・否			
12日	良・否	良・否	良・否	良・否	良・否			
13日	良・否	良・否	良・否	良・否	良・否			

分類	非加熱のもの（冷蔵品を冷たいまま提供）	加熱するもの（冷蔵品を加熱し、熱いまま提供）	(加熱した後、高温保管)	加熱後冷却し、再加熱するもの	(加熱後、冷却するもの)	日々チェック	特記事項	確認者
14日	良・否	良・否	良・否	良・否	良・否			
15日	良・否	良・否	良・否	良・否	良・否			
16日	良・否	良・否	良・否	良・否	良・否			
17日	良・否	良・否	良・否	良・否	良・否			
18日	良・否	良・否	良・否	良・否	良・否			
19日	良・否	良・否	良・否	良・否	良・否			
20日	良・否	良・否	良・否	良・否	良・否			
21日	良・否	良・否	良・否	良・否	良・否			
22日	良・否	良・否	良・否	良・否	良・否			
23日	良・否	良・否	良・否	良・否	良・否			
24日	良・否	良・否	良・否	良・否	良・否			
25日	良・否	良・否	良・否	良・否	良・否			
26日	良・否	良・否	良・否	良・否	良・否			
27日	良・否	良・否	良・否	良・否	良・否			
28日	良・否	良・否	良・否	良・否	良・否			
29日	良・否	良・否	良・否	良・否	良・否			
30日	良・否	良・否	良・否	良・否	良・否			
31日	良・否	良・否	良・否	良・否	良・否			

一般的衛生管理の実施記録（記載例）

20XX年　4月

分類	① 原材料の受入の確認	② 庫内温度の確認 冷蔵庫・冷凍庫（℃）	③-1 交差汚染・二次汚染の防止	③-2 器具等の洗浄・消毒・殺菌	③-3 トイレの洗浄・消毒	④-1 従業員の健康管理等	④-2 手洗いの実施	日々チェック	特記事項	確認者
1日	良・⊗	4、-16	⊕・否	⊕・否	⊕・否	⊕・否	⊕・否	花子	4/1 朝、小麦粉の包装が1袋破れていたので返品。午後、再納品	
2日	⊕・否	9、-23	⊕・否	⊕・否	⊕・否	⊕・否	良・⊗	花子	4/2 昼前、A君がトイレの後に手を洗わず作業に戻ったので、注意し手洗いさせた。	
3日	⊕・否	15、-23→再10℃	⊕・否	⊕・否	⊕・否	⊕・否	⊕・否	花子	4/3 11時頃、15℃。20分後10℃。いつもより出し入れ頻繁だったか。	
4日	⊕・否	6、-22	⊕・否	⊕・否	⊕・否	⊕・否	⊕・否	花子		
5日	⊕・否	8、-16	⊕・否	良・⊗	⊕・否	⊕・否	⊕・否	花子	4/5 調理の時にまな板に汚れが残っていたので再洗浄。A君の洗浄に問題があったので注意。	
6日	⊕・否	9、-21	⊕・否	⊕・否	⊕・否	⊕・否	⊕・否	花子	4/6 13時過ぎ、C君からトイレが汚れているとの連絡があったので、清掃し洗浄で洗浄し、消毒。ノロウイルス処理キットがないので、急のため購入してください。	
7日	⊕・否	5、-16	⊕・否	⊕・否	⊕・否	⊕・否	⊕・否	花子	4/7 注文済み 太郎	4/7 太郎
8日	⊕・否	9、-23	⊕・否	⊕・否	⊕・否	⊕・否	⊕・否	花子		
9日	⊕・否	8、-16	⊕・否	⊕・否	⊕・否	⊕・否	⊕・否	C次郎	4/9 花子さん一日不在、代理	
10日	⊕・否	6、-18	⊕・否	⊕・否	⊕・否	良・⊗	⊕・否	花子	4/10 朝、A君が体調が悪そうだった。聞いたら下痢なので、帰宅させた。	
11日	⊕・否	7、-15	⊕・否	⊕・否	⊕・否	⊕・否	⊕・否	花子	4/11 昼、客がコップを破損。周囲の客、料理に影響ないことを確認。客のいないときにC君とテーブル、床を清掃。A君復帰。食中毒ではなかった模様。今日の手洗い良好。	
12日	良・否	8、-16	⊕・否	⊕・否	⊕・否	⊕・否	⊕・否	花子	この調子	
13日	良・否		良・否	良・否	良・否	良・否	良・否			
14日	良・否		良・否	良・否	良・否	良・否	良・否			
15日	良・否		良・否	良・否	良・否	良・否	良・否			

重要管理の実施記録（記載例）

20XX年　4月

分類	非加熱のもの（冷蔵品を冷たいまま提供）	加熱するもの（冷蔵品を加熱し、熱いまま提供）	（加熱した後、高温保管）	加熱後冷却し、再加熱するもの	（加熱後、冷却するもの）	日々チェック	特記事項	確認者
メニュー	刺身、冷奴	ハンバーグ、焼き魚、焼き鳥、唐揚げ	唐揚げ、ライス	カレー、スープ	ポテトサラダ			
1日	良・否	良・否	良・否	良・否	良・否	花子	4/1 ハンバーグの内部が赤いとクレームがあった。調理したB君に確認したところ、急いでいたので確認が十分でなかったとのことであった。B君に加熱の徹底と確認を再教育した。	
2日	良・否	良・否	良・否	良・否	良・否	花子		
3日	良・否	良・否	良・否	良・否	良・否	花子		
4日	良・否	良・否	良・否	良・否	良・否	花子		
5日	良・否	良・否	良・否	良・否	良・否	花子		
6日	良・否	良・否	良・否	良・否	良・否	花子		
7日	良・否	良・否	良・否	良・否	良・否	花子		4/7 太郎
8日	良・否	良・否	良・否	良・否	良・否	C次郎		
9日	良・否	良・否	良・否	良・否	良・否	花子		
10日	良・否	良・否	良・否	良・否	良・否	花子		
11日	良・否	良・否	良・否	良・否	良・否	花子		
12日	良・否	良・否	良・否	良・否	良・否	花子		
13日	良・否	良・否	良・否	良・否	良・否			

連絡先一覧

機 関 名	電話・FAX	備考（担当者など）
保 健 所		
ガス		
電気		
水道（水漏れ）		
主たる原材料の購入先		
機 関 名	電話・FAX	備考（担当者など）